Johann Adam Schmerler

Moralische Erzählungen und Schilderungen

Johann Adam Schmerler

Moralische Erzählungen und Schilderungen

ISBN/EAN: 9783743639935

Hergestellt in Europa, USA, Kanada, Australien, Japan

Cover: Foto ©ninafisch / pixelio.de

Weitere Bücher finden Sie auf www.hansebooks.com

Moralische Erzählungen und Schilderungen

gesammlet

von

Johann Adam Schmerler

Rector an der gemeindlichen Schule

in

Fürth.

Zweite Auflage.

Nürnberg 1796
in dem Pech- und Schulzischen
Buch- und Kunsthandlung.

Vorrede.

Die gegenwärtige Sammlung moralischer Erzählungen und Schilderungen ist aus einem Vorrathe entstanden, welchen ich nach und nach aus verschiedenen Schriften zusammengetragen habe; theils, um meine Schüler, durch den Gebrauch desselben in richtiger Declamation zu üben, theils, um ihn bey dem moralischen Unterrichte zu nützen, und

Vorrede.

diesen dadurch lebhafter, interessanter und wirksamer zu machen. Ich glaube auch die letztere Absicht, deren Erreichung mir vorzüglich am Herzen lag, nicht ganz verfehlt zu haben; vielmehr machte ich bey dem Gebrauche selbst angenehme Erfahrungen, welche in mir die frohe Ueberzeugung hervorbrachten, daß durch denselben manches gute Gefühl in den Herzen meiner Schüler geweckt, manche gute Entschließung erzeugt, mancher gute Eindruck verstärkt wurde. Daß Geschichte und Beyspiele weit kräftiger auf das Herz wirken, als trockene Sentenzen, ist eine Wahrheit, welche allgemein erkannt und anerkannt ist. Diese Wahrheit gilt vorzüglich in Ansehung des jugendlichen Alters, welches bey seiner natürlichen Lebhaftigkeit

Vorrede.

keit weit mehr Empfänglichkeit für eine lebhafte anschauliche Darstellung hat, als für abstractes kaltes Raisonnement. In dieser Rücksicht haben auch schon viele würdige Freunde und Lehrer der Jugend dafür gesorgt, den Unterricht durch Beyspiele zu erleichtern und zu befördern; und man müßte in der That äußerst ungerecht seyn, wenn man die Verdienste verkennen wollte, welche sie sich dadurch erworben haben. Indessen ist es doch nach meiner Meynung ein nicht ganz undankbares Geschäft, wenn man, ohne auf die frühern und größern Verdienste jener würdigen Männer Anspruch zu machen, von der durch sie zum gemeinnützigen Gebrauch geöffneten Quelle, einen kleinen Theil auf seine Felder abzuleiten sucht. Dieser Gedanke, nebst dem

Wun-

Vorrede,

Wunsche, meinen lieben Schülern ein Denkmal der guten Rührungen zu stiften, von welchen ich sie oft bey Vorlesung der hier erscheinenden Erzählungen und Schilderungen durchdrungen sahe, bestimmte mich, sie dem Drucke zu übergeben. Sollten durch diese Lectüre auch andere gute Kinder zu guten Gefühlen und Entschließungen erweckt werden: so würde dieß der angenehmste Lohn für mich seyn. Zur Hofnung dieses Erfolgs ermuntert mich der Inhalt der Erzählungen und Schilderungen, welche ich sorgfältig ausgewählt habe.— Wenn auch schon die meisten davon dem Kenner bekannt sind: so wird man doch auch manche hier finden, welche seltener in pädagogischen Schriften angetroffen werden. — Daß ich für jene nicht geschrieben habe,

Vorrede.

habe, versteht sich von selbst, und in der letztern Rücksicht wird die Herausgabe einer solchen Sammlung mehr durch die Betrachtung gerechtfertiget seyn, daß wohl die **meisten** Aeltern nur die wenigsten von denjenigen Schriften besitzen, woraus dieselbige zusammengetragen ist. —

Sollte denn auch nur die Neuheit der Stücke einer solchen Sammlung ihren Werth bestimmen? Auch die wiederhohlte Lectüre, welche durch eine Sammlung von der vorliegenden Art veranlaßt wird, kann dazu dienen, gute Gesinnungen und Gefühle zu erneuern, sie lebhafter zu machen und zu befestigen, da sie ohne eine

Vorrede.

eine solche gelegentliche Veranlassung nur dunkel und schwach in der Seele würden geblieben seyn. So viel Gegründetes gegen die Menge sogenannter moralischer Erzählungen und Schilderungen gesagt worden ist, so hat doch das Publikum immer solchen Sammlungen Gerechtigkeit wiederfahren lassen, welche das wirklich sind, was man von ihnen zu erwarten berechtigt ist. — Ja man könnte vielleicht behaupten, daß gute und zweckmäßige Erzählungen und Schilderungen moralischen Inhalts, welche bisweilen erscheinen, sich schon deswegen eine günstige Aufnahme versprechen dürften, weil man doch dadurch für die vielen Mißgriffe schadlos gehalten wird, zu welchen man sich oft durch den ausgehängten Schild: morali-

sche

Vorrede.

ſche Erzählungen und Schilderungen, verleitet ſiehet.—

Wenn nur die Sittengemählde, welche jemand unter dieſer Rubrik aufſtellt, durch wahre Schönheit ſich auszeichnen: ſo gewährt auch der wiederhohlte Anblick derſelben mehr Vergnügen und Unterhaltung, als die neuen elenden Pinſeleyen unberufener Sudler. Da ich bey dem gegenwärtigen Werkchen blos auf das geringe Verdienſt des Sammlers Anſpruch machen kann, ſo geſtehe ich es frey, daß ich mir dieſes durch eine gute Auswahl zu erwerben ſtrebte, und nur ſolche Erzählungen und Schilderungen aufgenommen habe, welche nach meinem Urtheile und Gefühle die

Vorrede.

Maiestät der Tugend, die Erhabenheit und Kraft reiner moralischen Maximen und Triebfedern, und die Würde des Menschen darstellen, dessen Bestreben dahin gehet, nach denselbigen zu denken und zu handeln.— Sollte das Urtheil und Gefühl derjenigen Beurtheiler, in deren Hände diese Sammlung kommen dürfte, das meinige bestättigen, und sie nicht untauglich gefunden werden, bey schon etwas erwachsenen Kindern, oder auch bey andern Liebhabern einer solchen Lectüre edle Entschliessungen hervor zu bringen, gute Grundsätze zu befestigen, tugendhafte Empfindungen zu unterhalten: so wäre der Wunsch erfüllt, welchen ich lebhaft in meiner Seele fühle. In Rücksicht auf den Gebrauch, welchen ich von dieser Sammlung gemacht wissen

Vorrede.

sen mögte, will ich hier nur noch meine künftigen jungen Leser oder Leserinnen erinnern: nicht zu viele Erzählungen auf einmal zu lesen; theils, um auch für andere nützliche und nothwendige, aber weniger anziehende Lectüre, Geschmack zu behalten, theils, um mit desto größerer Aufmerksamkeit bey einzelnen Erzählungen und Schilderungen zu verweilen, und mit unverminderter Empfänglichkeit für die Reize eines solchen moralischen Genusses zu demselben zurück zu kehren. Wenigstens machte ich mir diese Mäßigkeit bey meinen Schülern immer zum Gesetze, und hatte dafür das Vergnügen, mich oft durch die Bitte: o, eine Geschichte! von ihnen aufgerufen, und ihre ganze Aufmerksamkeit auf die Erzählung, welche ich Ihnen machte,

Vorrede.

te, oder welche ich von einen unter ihnen declamiren ließ, hingerichtet zu sehen.

J. A. Schmerler.

Nachricht an das Publikum.

Die erste Auflage dieser moralischen Erzählungen und Schilderungen gab der seelige Verfasser in der Hoffnung, einst eine Fortsetzung folgen zu lassen, heraus, und wir liessen daher auf den Titel Erster Theil drucken. Durch den Hintrit in die Ewigkeit dieses für die Welt zu früh verstorbenen Mannes, verlohr das Publikum ihre Erwartung auf eine Fortsetzung.

Da nun die erste Auflage vergriffen, und wir uns genöthiget sehen eine zweite zu machen, so sehen wir

wir es als eine Pflicht an, die Besitzer der ersten Auflage diese Nachricht bekannt zu machen, um dadurch alle Anfragen wegen einer Fortsetzung überhoben zu seyn. Und da diese Sammlung keinen Bezug auf eine Fortsetzung hat, so haben wir die zweyte Auflage ohne Veränderung abdrucken lassen. Nürnberg im Februar 1796.

Die Verleger.

Verzeichniß

der in diesem Bändchen enthaltenen Erzählungen und Schilderungen.

                                      Pag.

I. Damon und Pythias, aus dem Jugendfreunde.   1

II. Demetrius und Antiphilus, aus der Sammlung vorzüglich schöner Handlungen zur Bildung des Herzens in der Jugend.   7

III. Der Freund, aus den Erholungsstunden des Mannes von Gefühl.   13

IV. Brüderliche Liebe, frey nach dem Lateinischen erzählt.   31

V. Brüderliches Betragen, aus den Vorübungen zur Erweckung der Aufmerksamkeit und des Nachdenkens von Sulzer.   37

                                      VI.

Verzeichniß.

	Pag.
VI. Edelmüthig belohnte Bruderliebe, aus der Sammlung vorzüglich schöner Handlungen.	37
VII. Die kindliche Liebe, aus den Erhohlungsstunden des Mannes von Gefühl.	39
VIII. Die kindliche Ehrfurcht.	53
IX. Der edelmüthige Sohn und der großmüthige Wohlthäter, aus ebendenselben.	57.
X. Der reiche Sohn, der es zu seyn verdient, aus ebendenselben.	71
XI. Majard oder der Mensch in Lyon, aus eben denselben.	77
XII. Eine ähnliche Geschichte, aus Lawätz über die Tugenden und Laster.	85
XIII. Noch eine Geschichte dieser Art, aus eben demselben.	88
XIV. Der edelmüthige Räuber, aus der Sammlung vorzüglich schöner Handlungen.	91

Verzeichniß.

Pag.

XV. Die Räuberschenke, oder auch unter Räubern kann der Mensch noch gutes stiften, wenn er nur will, aus Meißners Skizzen. 95

XVI. Wie man sich irren kann, eine wahre Anecdote, aus eben denselben. 117

XVII. Maan und der Soldat, eine arabische Anecdote aus ebendens. 121

XVIII. Großmüthige Ehrlichkeit, aus den Erzählungen zur Bildung des Geistes und des Herzens. 127

XIX. Eine ähnliche Geschichte, aus ebendenselben. 134

XX. Almozar, oder die treue Erfüllung des gegebenen Wortes, aus den Erhohlungsstunden. 137

XXI. Der neue Regulus, aus ebendens. 151

XXII. Don Alonzo und Nuguez, aus ebend 175

XXIII. Das Muster der Bedienten, aus ebendens 193

XXIV. Ebendesselben Inhalts. 199

XXV. Mislin und Jacob, aus der Moral in Beyspielen von Wagnitz. 205

XXVI. Geschichte der stolzen Elisa, aus dem Leipz. Wochenblatte für Kinder. 211

XXVII.

Verzeichniß.

Pag.

XXVII. Ueberhebe dich nie deines Ansehens, deiner Macht. 233

XXVIII. Der junge Perser, aus Meißners Skizzen. 244

XXIX. Berwig und der Stern des Jupiters, aus ebendems. 251

XXX. Vortrefliche Züge aus dem Character des Herzogs von Braunschweig Leopold, aus den Denkwürdigkeiten aufgezeichnet zur Beförderung des Edlen und Schönen, herausgegeben von C. P. Moritz und C. F. Pockels; und Fedderſens Nachrichten von dem Leben und Ende gutgefinnter Menſchen. 267

XXXI. Das verdorbene Muttersöhnchen und das gute Kind, aus Marmontels Contes moraux überſetzt und abgeändert. 281

XXXI. Hercules am Scheidewege, aus Xenophons Denkwürdigkeiten überſetzt. 307

XXXII. Mirjas Geſicht, aus den Palmblättern. 317

XXXIII. Mirjas zweytes Geſicht, aus ebendenſelben. 327

Damon und Pythias.

Damon und Pythias, welche durch das geheiligte Band der zärtlichsten Freundschaft mit einander verbunden waren, hatten sich eine unverletzliche Treue geschworen. Dieselbe wurde aber auf eine harte Probe gesetzt. Als Damon von dem Tyrannen Dionysius zu Syrakus zum Tode verurtheilet wurde, bat er um die Erlaubniß, vorher noch eine Reise in sein Vaterland thun zu dürfen, um daselbst bey seiner trostlosen Familie einige Angelegenheiten in Ordnung zu bringen. Der Tyrann gewährte ihm zwar diese Bitte; aber unter einer Bedingung, deren Erfüllung er selbst für unmöglich hielt. Diese Bedingung bestand darin, daß Damon einen andern als Bürgen für seine Rückkehr stellen, und daß dieſer Bürge mit ſeinem Leben für dieſelbe haften ſollte. Pythias, welcher dieſe Bedingung hörte, erboth ſich augenblicklich dazu, ſich für ſeinen Freund mit ſeinem Leben zu verbürgen, ohne zu warten, bis er von dieſem darum angeſprochen wurde; und ſogleich erhielt Damon die Freyheit. Dionyſius und ſeine Hofleute waren erſtaunt über dieſe Begebenheit, und erwarteten mit Ungeduld den Ausgang derſelben. Jener war neugierig genug, den Pythias in ſeinem Gefängniſſe zu beſuchen. Bey Gelegenheit einer Unterredung, die er über die Freundſchaft mit ihm anſtellte, behauptete er, „daß der Eigennutz die Triebfeder aller „menſchlichen Handlungen ſey; Tugend, „Freundſchaft, Wohlwollen, Vaterlands„liebe ꝛc. ſeyen bloß Worte, die von den „Weiſen erfunden wurden, die Schwachen „in Ehrerbietung zu halten und zu täu„ſchen.“ Pythias erwiederte hierauf mit einer feſten Stimme und mit einer edeln Miene: „Könnte mein Freund nur in ir„gend einem Punkte ſeiner Ehre zuwider „handeln: ſo wollte ich tauſend Tode lei„den

„ben, wenn es möglich wäre. Aber nein,
„dieß kann er nicht; ich bin seiner Tugend
„so gewiß als meines Lebens. Indessen
„bitte ich die Götter, ein Mittel zu ver-
„anstalten, wodurch meines Damons Le-
„ben mit seiner Ehre zugleich erhalten wer-
„den möge. Setzt euch ihm entgegen ihr
„Winde; hindert ihn, in seinem edlen Be-
„streben, sein Wort zu halten, und lasset
„ihn nicht eher ankommen, als bis ich durch
„meinen Tod ein Leben gerettet habe, das
„mir schätzbarer als mein eigenes ist.
„O laßt mich nicht in meinem Damon des
„allerschrecklichsten Todes sterben!" Dionysius war von der Würde dieser Gesinnungen, und von der Art, mit welcher sie
geäußert wurden, gerührt, und darüber erstaunt. Der bestimmte Tag rückte heran,
und da Damon noch nicht zurück gekommen
war: so tadelte ein jeder den unbesonnenen
Eifer des Pythias. Dieser wurde aus dem
Gefängnisse hervorgeführt, und gieng mitten unter der Wache mit einer ernsthaften,
aber zufriedenen Miene nach dem Richt-
platze. Dionysius war schon hier; er saß

auf

auf einem beweglichen Throne, der von sechs weißen Pferden gezogen wurde. Er war in tiefes Nachdenken versenkt, und aufmerksam auf den Gefangenen. Als Pythias anlangte, sprang er freudig auf das Blutgerüste; und nachdem er die Zurüstungen des Todes einige Zeit betrachtet hatte: kehrte er sich mit einer gelassenen Miene zu den Zuschauern, und sagte: „mein Gebet „ist erhört; die Götter sind gnädig. Ihr „wisset es, meine Freunde, daß wir bis „gestern einen widrigen Wind gehabt ha„ben. Damon konnte nicht kommen; er „konnte Unmöglichkeiten nicht möglich ma„chen. Morgen wird er hier seyn, und „mein Blut, welches ich jetzt vergießen „werde, wird das Leben meines Freundes „retten. Könnte ich euch doch jeden Zwei„fel, jeden niedrigen Verdacht in Absicht „auf die Ehre des Mannes entreißen, für „den ich sterbe: so würde ich meinem Tode „noch freudiger entgegen gehen! Jetzt mag „es genug seyn, daß mein Freund recht„schaffen, und seine Treue unverbrüchlich „wird erfunden werden. Es wird sich bald

„zei-

„zeigen, daß er jetzt unter Weges ist, her-
„bey eilt, und sich, die ungestümmen Ele-
„mente, und die Götter anklagen wird.
„Doch ich eile ihm zuvor zu kommen. Nach-
„richter, thue dein Amt." Indem er die
letzten Worte aussprach, erhob sich in der
äussersten Entfernung unter dem Volke ein
Geräusch, man hörte eine Stimme, die in
dem Getöse verhallte, und die Worte: halt
ein, halt ein! wiederhohlte. Hierauf kam
ein Mann mit schneller Eile herbey; die
Zuschauer machten ihm Platz; augenblicklich
war er auf dem Blutgerüste und hielt den
Pythias fest in seinen Armen. „Du bist
„gerettet, schrie er, du bist gerettet, mein
„Freund, mein liebster Freund. Ich habe
„nun nichts weiter als den Tod zu leiden,
„und bin von der Qual der Vorwürfe frey,
„die ich mir machte, das Leben meines
„Freundes in Gefahr gebracht zu haben,
„welches mir weit lieber als mein eigenes
„ist." Blaß, starr, und halb sprachlos in
den Armen seines Damons versetzte Pythias
in gebrochnen Worten: „Unglückliche Eile,
„grausame Behendigkeit!" Was für nei-

dische Mächte haben zu deinem Besten Unmöglichkeiten möglich gemacht? Aber ich will mich nicht ganz in meiner Rechnung betrogen haben; kann ich nicht für dich sterben, um dich zu retten: so will ich doch mit dir sterben. Dionysius hörte, sahe und betrachtete alles mit Erstaunen. Lebet, lebet unvergleichliche Freunde, rief er; ihr habt für die Wahrheit der Tugend einen unwidersprechlichen Beweis gegeben. Bildet mich nun auch durch eure Lehre, so wie ihr durch euer Beyspiel gethan habt, und laßt mich an einer so heiligen Freundschaft Antheil nehmen.

Demetrius und Antiphilus.

Demetrius und Anthiphilus, zwey Athenienser, lebten von Jugend auf in der vertrautesten Freundschaft. Jener legte sich auf die Philosophie, dieser auf die Arzneywissenschaft. Sie reisten beyde nach Alexandrien in Aegypten. Demetrius hatte Lust, alles Merkwürdige dieses Landes, besonders die Pyramiden, die Bildsäule Memnons, die bey dem Aufgange der Sonne, erklang, in Augenschein zu nehmen. Er gieng auf dem Nil nach Oberägypten, und ließ seinen Freund, dem die Reise wegen der großen Hitze zu beschwerlich war, zurück. Dieser gerieth unterdessen in ein Unglück, wo er einen recht edelmüthigen Freund nöthig hatte. Sein Bedienter Syrus ließ sich mit einer Räuberbande ein, die den Tempel des Anubis bestahl. Allein die

Thäter wurden entdeckt, und durch die Folter bald zu dem Geständnisse gebracht. Man führte sie in die Wohnung des Antiphilus, wo sie das Gestohlene unter einem Bette versteckt hatten. Syrus wurde gleich in Fesseln gelegt, und eben dieses widerfuhr auch seinem unschuldigen Herrn, den man aus dem Hause des Lehrers, welchen er eben hörte, fortschleppte. Niemand nahm sich des Unglücklichen an; auch seine bisherigen Freunde verließen ihn als einen Bösewicht, der einen Tempel bestohlen habe. Zwey Bediente, die im Hause zurück blieben, packten alles zusammen, und entliefen damit. Antiphilus lag lange im Gefängnisse, und man sahe ihn als den abscheulichsten Missethäter an. Der Kerkermeister, ein eifriger Mann in seiner Religion, glaubte, seinem Gott einen angenehmen Dienst zu thun, wenn er den Antiphilus recht hart hielte. Seine Gesundheit mußte leiden, weil er auf der bloßen Erde lag, und seine Beine, die in den Stock eingeschlossen waren, nicht ausstrecken konnte. Der Gestank des Gefängnisses, die unreinen Ausdünstungen so vieler Gefangenen, die über einander lagen, das Geklirre der Ketten, der wenige Schlaf, alles dieses machte seinen Zustand unerträglich. Als er verzweifeln und keine Speise mehr zu sich nehmen wollte, kam Demetrius zurück, der nicht wußte, was geschehen war. So bald er es erfuhr, eilte er nach dem Gefängnisse, und erhielt alsdann auf vieles Bitten die Erlaubniß, den Gefangenen besuchen zu dürfen. Beyde Freunde umarmten einander auf das zärtlichste, und waren über diesen unerwarteten Anblick voller Bestürzung. Demetrius tröstete seinen Freund, zerschnitt seinen Mantel und gab ihm die Hälfte davon, um seine zerrissene Kleidung zu ersetzen, und verpflegte ihn. Den ganzen Vormittag arbeitete er bey den Kaufleuten, und half ab- und aufladen. Einen Theil seines Arbeitslohnes gab er dem Kerkermeister, um ihn weicher zu machen; den andern wendete er zur Erquickung seines Freundes an. Er verließ ihn nicht vor Abends, und des Nachts schlief er nicht weit von dem Gefängnisse auf einem Strohlager.

Nach einiger Zeit starb ein Räuber in den Ketten, und zwar wie es schien von Gifte. Die Gefangenen wurden deswegen viel genauer bewacht, und es bekam Niemand mehr die Erlaubniß, sie zu besuchen. Demetrius war trostlos, daß er seinen Freund nicht mehr sehen, und ihm, nicht mehr helfen sollte; und weil er kein andres Mittel wußte, zu seinem Freund zu kommen, so gieng er zu dem Statthalter und gab sich selbst an, als habe er am Tempelraub mit Antheil. Er wurde sogleich in das Gefängniß gebracht, wo sein Freund war; konnte es aber auf vieles Bitten kaum von dem Kerkermeister erhalten, daß er nahe bey seinem Freunde angeschlossen wurde. Hier bewieß er die stärkste Liebe, da er sein eigenes Leiden nicht achtete, und ob er gleich selbst krank wurde, doch nur besorgt war, wie sein Freund schlafen, und den wenigsten Schmerz empfinden möch-

möchte. Ihr Elend wurde ihnen erträglicher, da sie miteinander litten. Endlich errette sie ein Zufall. Die andern Gefangenen verschworen sich zusammen, machten sich von ihren Ketten los, schlugen die Wächter todt, und entsprangen. Nur Demetrius und Antiphilus blieben im Gefängnisse, und hielten auch den Cyrus zurück, welcher mit fort wollte. Den folgenden Tag ließ der Statthalter den Demetrius und Antiphilus rufen, bezeigte sein Wolgefallen, daß sie nicht mit entsprungen waren, und gab ihnen deswegen die Freyheit. Allein sie waren mit der Art, sie loszulassen, nicht zufrieden. Demetrius beklagte sich, daß man die größte Ungerechtigkeit an ihnen beginge, wenn man sie für Missethäter hielte, die nur aus Erbarmen, oder blos darum, weil sie nicht mit entlaufen wären, losgelassen würden. Sie brachten es endlich dahin, daß der Richter ihre Sache auf das schärfste untersuchen mußte. Da nun ihre Unschuld völlig an das Licht kam: so stellte er sie nicht nur mit großer Hoch-
ach-

achtung und Bewunderung des Demetrius auf freyen Fuß, sondern beschenkte sie beyde; besonders den Demetrius doppelt. Dieser that eine Reise nach Indien zu den Brachmanen, und ließ sein Geschenk, welches ihm der Statthalter gemacht hatte, und das sich auf dritthalb tausend Thaler belief, seinem Freunde zurück, der in Aegypten blieb.

Der

Der Freund.

Unter dem berühmten Kaiser Yao, deſſen Andenken in China heilig iſt, lebten zwey Handelsleute, Fong und Kiang daſelbſt, welche von den Chineſern noch heut zu Tage als die vollkommenſten Muſter der Freundſchaft angeführet werden. Das Vermögen des Erſten war ſehr mittelmäßig; aber der andere beſaß einen unermeßlichen Reichthum. Dieſe Ungleichheit der Güter hatte die glückliche Freundſchaft nicht geſchwächt, welche die Herzen nähert, ſie miteinander verbindet und ſo zu ſagen eines von dem andern abhängig macht. Man würde Mühe gehabt haben, zu entſcheiden, welcher von beyden den andern mehr liebte.

Kiang kommt einmal in der Nacht zu ſeinem Freunde, trift ihn allein an. Kiang war blaß, zerſtöhrt, in der äußerſten Verwirkung, sahe mit Schrecken hinter sich, wie einer, der fürchtet, verfolgt zu werden. Was hast du? was hast du? sagt Fong zu ihm, erstaunt über seinen Zustand; Freund, was bedeutet dieß Zittern aller deiner Glieder, diese Angst?.. Wenn ich dich nicht kennte: so würde ich denken, du habest dich mit einem Verbrechen befleckt. Kanst du daran zweifeln? antwortete ihm Kiang mit einem schweren Seufzer; diese Angst, dieser Schrecken, du weißt es, verfolgen die Tugend nicht. Ja, Fong, ich bin der Unglücklichste ... der Strafbarste unter den Menschen, ich, der ich mir bis auf diesen Augenblick alle Mühe gegeben hatte, mit Aufmerksamkeit und mit treuem Eifer die fünf Pflichten zu erfüllen *). Schau diese Hände an; sieh, sieh, an ihnen trift des rechtschaf-

*) Diese sind gewissermaßen die Grundlage der Gesetze und der Moral der Chineser. Sie nennen sie die fünf unveränderlichen Lehren für den Vater und die Kinder, den König und die Unterthanen, für die Eheleute, die Greisen, die Jünglinge, und endlich die Freunde.

schaffenen Outings Blut.. — Was sagst du?.. Grausamer!.. Outing?.. — Ich habe ihm den Dolch in das Herz gestossen. Ich glaubte mich durch ein Wort beleidiget, durch ein einziges Wort, und sterbend schwur er mir, daß er es nicht ausgestoßen; kurz, er ist todt, und ich, ich!.. lebe.. Ich weiß nicht, welche Empfindung mich bewog, mich der Strafe zu entziehen, die ich nur allzusehr verdient habe... Fong! ich flüchte mich in den Schoos der Freundschaft. — Ich will deines Vertrauens werth seyn, Kiang, ich sehe dein Verbrechen nicht mehr; sehe nur dein Unglück; es ist schrecklich einen Todtschlag zu begehen! Ach du bist weit mehr zu beklagen als Outing. Er hat seine Tage in dem vollen Glanze seiner Tugend geendiget; und du, du bist nun ein Raub nagender Gewissensbisse. Niemals, ja niemals wird das Bild dieses Unglücklichen aus deinem Andenken verschwinden; immer wirst du ihn dir zur Seite sehen, wie er dir seine Wunde zeigt, wie er aus derselben Blut Himmel an spritzt, das dich ewig beym Tien verklagen wird.

wird. Aber verzeih..., ich will dein Elend nicht noch vergrößern. Du hatteſt Recht, auf deinen Freund zu zählen. Hier iſt ein Winkel, wo du in meinem Hauſe ſicher ſeyn kannſt. Keiner von meinen Bedienten kommt dahin, ich ſelbſt werde dir allein das Eſſen bringen. Wirf dich in die Arme der Gottheit; ihre Blicke haften auf dir; flehe ſie um Gnade an; ſie iſt ja gegen den Menſchen nicht unerbittlich. Ich wenigſtens, ich werde dich nicht verlaſſen. Lebe wohl; es iſt mir leid, daß ich dich jetzt dir ſelbſt überlaſſen muß; allein auch meine Familie hat Anſpruch auf meine Sorgen, auf meine Zeit, und es wäre zu befürchten, daß meine Abweſenheit Gelegenheit zu einem Verdacht geben möchte, den wir durchaus entfernen müſſen.

Die beyden Freunde umarmten einander mit Thränen, und Fong kehrte zu ſeinen Kindern und zu ſeiner Frau zurück, welche ſchon von Outings Mord wußten; doch war ihnen ſo wie überhaupt jedermann, der Urheber deſſelben unbekannt. Kiang
hatte

hatte einen Tag vor seinem Meuchelmorde
bey allen seinen Bekannten ausgestreut, daß
er nach einer der mittäglichen Provinzen
verreiste; selbst seine Familie wuste nicht
anders.

Fong brachte seinem Gefangenen richtig
Essen und Trinken; so oft er zu ihm kam,
brachte er ihm Trost und Thränen. Beyde
hofften, daß diese verdrießliche Sache mit der
Zeit unterdrückt werden könnte. Ja, sagte
Kiang, vielleicht werde ich mich der Gerechtigkeit entziehen können; aber wer kann mich gegen mein eigenes Herz schützen? Du hattest wohl
Recht, mich vor dem zu warnen, was ich nun
so lebhaft empfinde. Hier in diesem Herzen,
werde ich einen ewigen Henker, ewige
Strafe finden! Outings Blut schreyt immer in meinen Ohren um Rache. O Fong,
warum muß ich eine Gattinn, einen Sohn,
eine Familie haben? Tien weiß es, er ließ
ja in den Herzen; nur um meiner Familie
willen suche ich die Last eines allzuverächtli-
chen Lebens noch ferner zu tragen. Für einen Verbrecher ist nichts besseres übrig als

B   der

der schnellste Tod. Noch einmal, nicht um meinetwillen lebe ich fort; ach, um andrer willen, die mir theurer als mein eigenes Wesen sind.. Ich fühle es jetzt, was es ist, Gatte und Vatter zu seyn. Freund, auch du kennst diese Gefühle. — Ganz gewiß, Kiang! du sprichst aus meiner Seele. Nach Gott habe ich nichts liebers, als meine Frau und meine Kinder. Ich bin nicht so glücklich wie du, muß alle Kräfte einer ehrlichen Industrie aufbieten, um die Pflichten eines Hausvaters zu erfüllen. Wenn meine Familie in diesen Augenblicken mich verlieren sollte, Gott, welcher Gedanke!.. Wie? unterbricht ihn Kiang... vergißt du denn daß du einen Freund hast? Du weißt, erwiedert Jong, wie ich denke und handle; man muß von Niemanden Wohlthaten annehmen, als wenn man alle Mittel, sie entbehren zu können, erschöpft hat. Du wirst dich erinnern, daß wir schon etliche mal über diesen Punkt gestritten haben. Nie soll der Eigennutz die Triebfeder unsrer Freundschaft seyn; aber wenn meine Frau und meine Kinder Noth litten, so würde
ich

ich ohne Scham meine Zuflucht zu dir nehmen; du bist ihr zweyter Vater; dann hat
der Freund Pflichten zu erfüllen, und wehe
dem, der es für eine Demüthigung hält,
der Gegenstand derselben zu seyn! Nur die
Undankbarkeit zieht sich vor Wohlthaten zurück; denn die Dankbarkeit ist sicher die
süsseste Freude.

Jong gab auf alles Acht, was man über
Outings Mord sprach; auch die geringsten
Gespräche entwischten seiner Aufmerksamkeit nicht. Er erfährt, daß man den Urheber des Mordes muthmaßt, daß diese Muthmassung immer allgemeiner, immer wahr-
scheinlicher wird, daß die Gerechtigkeit das
Rachschwert gezogen hat, kurz, daß sich alles
vereinigt, um einen Unschuldigen zu Boden zu drücken; daß Ming in Ketten liegt,
Ming, der schätzbarste Sterbliche, den ganz
China ehrte, und dem man ein gewissermas-
sen heiliges Sprichwort zu danken hatte:
„ob gleich Gott und der Mensch unendlich
„weit von einander verschieden sind: so
„berühren sie sich doch in der Tugend."

Man hatte ihn in Outings Gesellschaft etliche Augenblicke vorher gesehen, ehe Kiang dem Letztern das Leben nahm. Mings Feinde hatten falsche Zeugen gegen ihn aufgestellt, und es war an dem, daß er unter der Verleumdung erliegen sollte. Alle diese Umstände erfährt Fong; wie wird sein Herz dabey zerrissen! Er weiß die Wahrheit, hält den Schuldigen in seinem Hause versteckt; aber der Schuldige ist sein Freund; Kiang hatte ihn um die Gastfreyheit angefleht; hatte sich in seine Arme als in ein Heiligthum geflüchtet. Indessen aber ruht der Argwohn auf Ming, der die Rechtschaffenheit selbst ist; er seufzet in einem Gefängnisse! Ming soll sterben, sterben mit Schmach! Die Unschuld soll die Strafe des Lasters erdulden!

Fong wird von dieser schrecklichen Lage gerührt; man las auf seiner Stirne die Zerrüttung seiner Seele. Wenn er sich zu Kiang schlich, und seine Augen auf ihn warf: so flossen Thränenbäche über seine Wangen hin. Kiang fragte ihn nach der Ursache seiner

ner äußersten Zerstöhrung, die er unmöglich verbergen konnte: — Fong! dich nagt seit etlichen Tagen ein Kummer, der bey meinem Anblick immer heftiger zu werden scheint! Sage mir es, zaudere nicht! Ist etwas für mein Leben zu befürchten? Freund! ich werde sterben können. — Dein Schicksal ist in der That eine Art von Brandsmahl, mit welchem Tien dich bezeichnet hat, aber sollte auch der Himmel selbst einen Unglücklichen verlassen: so ist es unsre Pflicht, ihn zu beklagen, mit unsern schwachen Kräften ihn zu unterstützen. Ja, Kiang! dein Schicksal verdient Mitleiden ... mein ganzes Mitleiden ... Ich komme ausser mir ... Verwirrung verfolgt mich ... ach ich will dein Unglück nicht häufen!

Fong erschien immer in tiefern Schmerz versunken. Vergebens fragte ihn Kiang, drang er in ihn, sich zu erklären. Er antwortete immer nur mit einem düstern Stillschweigen, das von öftern Seufzern unterbrochen wurde. Er hob die Augen gen Himmel, umarmte feurig seinen Freund,

und entfernte sich mit einem geheimen Schauer von ihm. Er verläßt ihn endlich im tiefsten Kummer, und ohne Kiangs Neugierde zu befriedigen.

Er geht aus, hört ein allgemeines Geschrey, das seiner Seele Tod ist. Der tugendhafte Ming soll das Loos der Verbrecher tragen. Fong ist bis auf den öffentlichen Platz durchgedrungen; sieht das schreckliche Blutgerüste, hört eine Menge von Bürgern untereinander sagen: wie ist es möglich, daß Ming sich mit einem Meuchelmorde befleckt hat; er, den wir wie einen unserer himmlischen Geister ansahen? Kann man nach einem solchen Beyspiele dem guten Rufe eines Menschen noch trauen? Der Mensch ist doch wahrlich ein betrügliches Geschöpf! Fong sagte in seinem Herzen: So verleumdet man die Unschuld; und ich kann es anhören, ich, der ich sie mit einem einzigen Worte rechtfertigen könnte! Es ist nicht genug, daß Ming das Leben verliert; ewige Schande wird auf seinem Grabe ruhen! sein Andenken wird zu einem
un-

unauslöschlichen Schimpfe verdammt werden! ich soll also die Gerechtigkeit ein ungerechtes Urtheil sprechen laſſen... Großer Gott! ſoll ich es aufdecken?... ich muß... ich kann nicht.

Der Lärm wird ſtärker; Ming wird aus ſeinem Gefängniſſe geſchleppt; in wenigen Augenblicken ſoll er ſein Leben unter den Händen des Scharfrichters endigen. Jong ſieht es. Mitleiden, Schmerz und Verzweiflung durchwühlt ihn; ſeine ganze Seele empört ſich bey dem Anblicke eines ſiebenzigjährigen Greiſes, der nur den Himmel zum Zeugen ſeiner Unſchuld nahm, ohne ſich über ſeine Verfolger zu beklagen. Nur Tien weiß die Wahrheit, ſagte er mit der Standhaftigkeit eines ächten Weiſen, deſſen Seele von jedem Vorwurfe rein iſt; auf ihn allein berufe ich mich; er iſt mein Richter; ach, er weiß, ob ich ſtrafbar bin! Mein Leben gehört ihm; ihm gebe ich es wieder, bete ſeine unerforſchlichen Rathſchlüſſe an, und danke ihm für ſeine Züchtigungen! Die Familie dieſes ehrwürdigen

Unglücklichen begleitete ihn mit rothgeweinten Augen unter dem jammervollsten Klagegeschrey.

Welch ein Anblick für Fong! Er rennt nach Hause, sagt seiner Gattin, er habe ihr ein Geheimniß zu entdecken; offenbahrt ihr schnell Kiangs Begebenheit, zwingt ihr einen Schwur zum Bürgen ihres Stillschweigens ab; sagt ihr endlich, daß er ihr die Sorge überlasse, über das Schicksal seines Freundes zu wachen, eilt zu diesem: — Kiang! ich muß dich verlassen.. Meine Frau weiß alles. Verlasse dich auf ihre Verschwiegenheit und auf ihren Eifer. Ich kann dir nur ein Wort noch sagen... Bald sollst du wissen, wie theuer du mir warst... Ich empfehle dir meine Kinder und ihre Mutter; jetzt ist der Augenblick da, wo ich dich um Wohlthaten bitten muß ... O, mein Freund!... Umarme mich und gedenke meiner... Er kann nicht mehr fortreden, so zerrüttet ist seine Seele! Kiang wollte ihn noch einmal fragen; Fong entwischt aus seinen Armen, kehrt zu seiner

Frau

Frau und zu seinen Kindern zurück, drückt sie heftig an seine Brust, und reißt sich gewissermaßen mit Gewalt von ihnen los, um vor ihnen den schrecklichen Kampf in seiner Seele zu verbergen.

Dieser erhabene Mann, der unter der sehr kleinen Anzahl ächter Helden eine Stelle verdient, rennt fort, eilt dem Platze zu, wo man Ming eben auf das Blutgerüste schleppte! Kaum erblickte ihn Fong, so drängt er sich durch das Volk, wirft sich in die Arme des Greises, kehrt sich gegen das Volk: ihr Bürger schonet des Unschuldigen, und bestrafet den Verbrecher! Jht sehet ihn! Wo ist er? fragt ihn eine Menge von Zuschauern; wo ist er? — Er steht vor euch; ich sage es euch ja; ich bin der Verbrecher, ich habe meine Hände mit Outings Blut gefärbt; ich, ich muß sterben! Ein tausendstimmiges Geschrey ertönt in den Lüften. Man bewundert die Gerechtigkeit Tiens, der über die Unschuld wacht; man nimmt Ming die Fesseln ab, führt ihn unter lautem Zujauchzen des Volks in die Arme seiner Familie zurück. Doch kann man sein Mitleiden eine gewisse Hochachtung dem Schuldigen nicht versagen, der so grosmüthig war, sich selbst anzugeben, und seinen Hals dem Rachschwert zu entblösen, um den unglücklichen Greis zu retten. Jong wird mit Ketten belastet, wird etliche Mahl verhört, wird durch sein eigenes Geständniß von Outjugs Mord überführt.

Fong sollte endlich die auf den Mord gesetzte Strafe leiden. Der Henker hatte seine Kleider zerrissen, schon blinkte das Schwert. Halt.. halt, ruft eine Stimme mitten aus dem Gedränge hervor; man sieht einen Mann, athemlos herzu eilen. — Einen Augenblick! haltet ein mit der Hinrichtung! Fong glaubt den Ton dieser Stimme zu erkennen, kommt aus seiner Betäubung zurück, hebt sein Haupt in die Höhe — Bist du's, Kiang? Was willst du hier?.— Meine Pflicht erfüllen, die Unschuld von der Strafe befreyen, die mir gebührt... O Chineser, lernt diesen verehrungswürdigen Sterblichen, dieß Muster wahrer Freundschaft kennen.

Mit wenigen Worten erzählt Kiang seine traurige Geschichte, rühmt Fongs Edelmuth, sagt, daß die Frau dieses erhabenen Freundes, die durch das allgemeine Gerücht das Schicksal ihres unglücklichen Mannes erfahren hatte, es ihm entdeckt hat. Kiang hatte bey dieser Nachricht keinen Augenblick Bedenken getragen, das zu thun, was Natur und Billigkeit ihm zur Pflicht machten. Er umarmt den edelmüthigen Fong unter häufigem Schluchzen. Dieser behauptet, es sey dieß ein Betrug, den ihm die Freundschaft eingegeben habe; er allein sey der wahre Verbrecher. Mir, sagte er immer, mir kommt es zu den Tod zu leiden.

Die Zuschauer umringten diese zwey ausserordentlichen Männer, begierig auf den Ausgang der Sache, und waren zwischen Staunen, Bewunderung, Mitleiden und Betrübniß getheilt. Man hörte allenthalben nichts als Seufzer, sahe nichts als Thränen; jeder bewunderte die edle Seele der beyden Freunde, die sich um die Ehre stritten,

ten, für einander zu sterben; und vielleicht
ist kein Verbrechen, welches Edelmuth und
Seelengröße nicht tilgt, oder wenigstens
mildert. Die Richter sind unschlüssig, selbst
gerührt, und wagen es nicht zu sprechen.
Man begnügt sich, Fong und Kiang Fesseln
anzulegen und sie beyde in das Gefängnis
einzusperren.

Die Sache kommt vor den Kaiser als
obersten Richter. Dieser befiehlt, daß man
beyde vor ihn bringen solle. Noch immer geben sie ein Beyspiel des edelmüthigen Wett-
streites. Der weise Yao ergründet endlich
die Wahrheit, nachdem er alle Gründe reif-
lich überdacht hatte. Edler Mann, sagte
der große Monarch zu Fong, siehe, was die
Gerechtigkeit befiehlt. Setze dich zu den
Füßen meines Throns; Unterthanen wie du
können ihrem Fürsten nicht nahe genug kommen. Wenn etwas in der Welt die Menschen den Königen gleich zu machen vermag:
so ist es die Tugend; und dich Kiang bewundere ich, beklage ich, und lasse dich zum
Tode führen. Wer eines Menschen Blut
ver-

vergoſſen hat, verdient, daß man auch das
Seinige vergießt. Fong will zum Vortheile
seines Freundes sprechen; er verdient diese
Gesinnung, erwiedert der Kaiser. Glücklicher Mann, dir ist es erlaubt auf die Stimme der Freundschaft, des Mitleids, diese
Stimme eines Gottes zu hören, der in den
Herzen der Menschen spricht; und ich, Fong!
ich kann nichts als gerecht seyn. Es ist dieß
ein Unglück, das mit dem Stande eines Fürsten nothwendig verbunden ist. Der Kaiser
muß mit dem Menschen kämpfen und ihn
besiegen. Ich habe Kiangs Schicksal entschieden, und ich frage ihn selbst, ob er glaubt,
daß ich gegen die Billigkeit gefehlt habe.

Kiang wirft sich ehrfurchtsvoll vor seinem Fürsten nieder, versichert, daß Tien
selbst durch seinen Mund gesprochen, fleht
nur noch um die einzige Gnade, seinen Freund
zum letzten male umarmen zu dürfen. Dieser fällt sinnlos nieder, als man Kiang aus
seinen Armen reißt, um ihn zum Tode zu
führen.

Fong schlägt endlich die Augen wieder
auf, staunt, ist wie bezaubert, weiß nicht,

ob

ob es Wahrheit oder Täuschung ist: — Kiang!.. Kiang!.. hab' ich dich wieder! Er sieht ihn in der That neben sich auf den Stufen des Thrones sitzen. Du siehst, sagt Yao zu ihm eine zweyte Wirkung der Gerechtigkeit! Ich habe sie befriediget, indem ich Kiang alle Schrecknisse des Todes fühlen ließ. Er sahe das Schwert über seinem Haupte blinken, und da glaubte ich, daß er durch diese Strafe sein Verbrechen hinlänglich gebüßt hätte. Meine Gnade mußte sich nun auch wirksam beweisen, und ihn für eine edle That belohnen. Tien selbst hat mir dieß Urtheil eingegeben. O könnte ich ihm in seiner Güte nachahmen! Jetzt ist es mir erlaubt, mich dem sanften Zuge der Wohlthätigkeit zu überlassen. Seyd beyde die Zierde meines Hofes, und möge eure Freundschaft für ganz China ein Beyspiel seyn.

Brüderliche Liebe.

Als Cato in seiner Jugend gefragt wurde wen er am meisten lieb habe: so antwortete er: meinen Bruder. Auf die wiederholte Frage: wen er nach diesem am meisten liebte, gab er wieder die Antwort: meinen Bruder. Eben dasselbe antwortete er auch, als man ihn zum dritten mal fragte. Diese Liebe und Achtung gegen seinen Bruder Cäpio, litt nicht nur keine Verminderung bey seinen zunehmenden Jahren, sondern wurde vielmehr immer größer, lebhafter und inniger. Er war überall, wo es nur seyn konnte, an der Seite desselben, bewies sich bey jeder Gelegenheit nachgiebig und gehorsam gegen ihn. Bis in sein zwanzigstes Jahr speiste er immer in Gesellschaft seines Bruders Cäpio, ging in seiner Gesellschaft an den Ort, wo die öffentlichen Geschäfte des Staats verwaltet und betrieben wurden, machte alle seine Reisen in Gesellschaft desselben. Die Sitten dieser beyden Brüder waren rein, und den Regeln der Tugend ganz gemäß; aber Cato zeichnete sich vor seinem Bruder dadurch aus, daß er sich selbst bey erlaubten Dingen eine noch größere Strenge auflegte, als sein Bruder zu beobachten pflegte. Deswegen äußerte Cäpio einst, als seine Mäßigkeit und Enthaltsamkeit gelobt wurde, den Gedanken: man könne ihn zwar in Vergleichung mit vielen Römern für einen mäßigen Mann halten; aber, sagte er, wenn ich meine Lebensart mit der Lebensart meines Bruders vergleiche: so komme ich fast in Versuchung, mich mit dem Sippius in eine Klasse zu setzen. Dieser Sippius war aber ein liederlicher, der Schwelgerey in einem sehr hohen Grade ergebener Mensch. Diese beyden Brüder, welche einander so gern zu Gefallen lebten, von welchen ein jeder in der Beförderung des Vergnügens des andern sein eigenes fand, verdienen es gewiß, als ein Beyspiel der brüderlichen Liebe aufgestellt zu werden.

Brüderliches Betragen.

Eumenes, König von Pergamus in Klein Asien, wurde mit dem macedonischen König Perseus in einen Krieg verwickelt, in welchem er von diesem gefangen genommen wurde. Perseus ließ seinen königlichen Gefangenen sehr eng einschließen, und so sorgfältig verwahren, daß Niemand von ihm und von seinem Schicksale etwas erfahren konnte. Jedermann glaubte deswegen, er sey todt; und das Gerücht von seinem Tode verbreitete sich bis an seinen Hof, nach Pergamus. Da der Tod des Eumenes allgemein für gewiß gehalten wurde: so nahm sein Bruder Attalus das Diadem, vermählte sich mit der Königin, und regierte nun an seines Bruders Stelle. Allein nicht lange nachher, als Attalus die königliche Würde übernommen hatte, wurde auf einmal die Nachricht bekannt, Eumenes lebe noch, und sey auf dem Wege, in seine Länder zurück zu kehren. Man war über diese Nachricht um so viel mehr erstaunt, je gewisser und allgemeiner vorher sein Tod geglaubt wurde, und je traurigere Folgen man wegen der von seinem Bruder übernommenen Regierung besorgte. Was that nun Attalus, als die Ankunft seines Bruders außer Zweifel gesetzt war? Gebrauchte er vielleicht Ränke und List, denselben von seinem Königreiche zurück zu halten? Suchte er ihn durch gedungene Meuchelmörder aus dem Wege zu schaffen, um sich auf dem Throne zu behaupten? Oder zog er ihm mit Heeresmacht entgegen, um auf Kosten des Glücks und des Lebens seiner Unterthanen sich in dem Besitze eines Diadems zu erhalten, auf welches jener frühere Ansprüche und Rechte hatte? — Nein! Attalus begab sich sogleich

gleich freywillig der königlichen Würde, begnügte sich mit derjenigen Stelle, welche er vorher unter der Regierung seines Bruders bekleidete, und ging, wie er sonst zu thun gewohnt war, vor der Leibwache des Königs her, seinem Bruder entgegen. Diese Begenheit brachte in den freundschaftlichen Gesinnungen der beyden Brüder nicht die geringste Veränderung hervor, und man bemerkte bey dem Attalus nicht die geringste Unzufriedenheit über die Aufopferung einer Würde, deren schimmernder Reiz so oft Brüder gegen Brüder, Väter gegen ihre Söhne, Söhne gegen Väter bewaffnet, und sie veranlaßt hat, da Mord und Verheerung zu verbreiten, wo sie Schutzengel des Lebens und der Wohlfart ihrer Unterthanen hätten seyn sollen. Die Liebe und Achtung des Eumenes gegen seinen Bruder veränderte sich so wenig, daß er ihm vielmehr die größten Beweise von der Fortdauer derselben gab, und sein Reich und seine Gemahlin dem Attalus hinterließ, ob er gleich selbst Kinder hatte; so wie Attalus nach-

C 2   her

her die Kinder des Eumenes zum Throne beförderte, da es ihm doch nicht an eigenen Söhnen fehlte.

Edel-

Edelmüthig belohnte Bruderliebe.

Ein gemeiner Bürger in einem Städtchen unweit Leipzig hatte zwey Söhne, die beyde lang und schön gebildet waren. Der eine, Carl, studirte; der andere lernte das Handwerk seines Vaters. Ein gewisser Offizier machte sich an Carl, der nun, wie man zu sagen pflegt, ausstudirt hatte, und versprach, ihm bey einem gewissen Baron eine Hofmeistersstelle zu verschaffen. Er schrieb einen erdichteten Brief unter dem Namen des Barons, legte fünf Louisd'or Reisegeld hinein, und führte ihn hierauf fort, um wie er vorgab, mit ihm zu dem Baron zu reisen; lieferte ihn aber auf die Hauptwache nach M***, wo er als gemeiner Soldat unter ein Regiment gesteckt wurde. Nach einiger Zeit brachte der unglückliche Sohn heimlich einen Brief durch einen Handwerksbursche an seinen Vater, und gab ihm Nachricht von seinem Unglücke; meldete ihm aber auch zugleich, daß er befreyet werden könnte, wenn er einen andern Mann von seiner Größe stellte. Schnell entschließt sich sein Bruder, der fast Carls Größe hatte, zu dem Regiment zu reisen, bey welchem sein Bruder war, und statt desselben Soldat zu werden. Carl kam also los. Indem er auf der Heimreise unter Weges von einem gewissen geheimen Rathe einige Tage liebreich in seiner Noth unterstützt wurde: so kam auch ein gewisser Kriegsrath in das Haus desselben, vernahm die abenteuerliche Geschichte, und wurde dadurch so gerührt, daß er in die Residenz reiste, und durch den Beystand eines großen Prinzen es dahin brachte, daß er nun auch den andern Bruder auslösen durfte. Dieß wurde ihm aber nur unter der Bedingung bewilligt, daß er nun statt des e i n z i g e n, der an die Stelle seines Bruders getreten war, zwey auswärtige Rekruten schaffen, und noch hundert Thaler Bürgschaft beym Regiment niederlegen sollte. Der Kriegsrath leistete dieß alles, und führte die zwey erretteten Söhne ihrem Vater selbst wieder zu. Solche edle Thaten im Gegensatze mit der häßlichen Aufführung eines

nes solchen Werbers, oder, um ihn mit dem rechten Namen zu nennen, eines solchen Menschenräubers, (denn das war doch ein Raub und keine Werbung) rühren desto mehr, und verbreiten einen desto hellern Glanz über die Tugendhaften.

Die kindliche Liebe.

Ein Handelsmann aus der Provinz, den ich Lormeuil nennen will, hatte sich die Hochachtung und das Vertrauen seiner Correspondenten zu erwerben gewußt; überdieß zog er die Rechtschaffenheit dem Gewinste vor, welches sonst nicht immer bey einem Manne ist, dessen Handwerk bloß dahin gehet, Reichthum zu erwerben. Das vorzüglichste Glück, dasjenige, welches über jedes andre erhaben ist, pflegte er zu sagen, ist Ruhe der Seele, und diese kann unmöglich Bestand haben, wenn man sich dem Unglück aussetzt, sich selbst Vorwürfe machen zu müssen. Man darf sich also nicht wundern,

dern, daß mit dieſer ſeltenen Denkungsart der rechtſchaffene Kaufmann nur einen ſehr mittelmäßigen Gewinn von ſeinem Handel zog; daher war er auch nicht im Stande, die plötzliche und unvorhergeſehene Revolution zu ertragen, die ein beträchtlicher Bankerott in ſeinen Geſchäften machte; es war, als hätte ihn ein Blitz zerſchmettert. Da dem unglücklichen Lormeuil das äußerſte Elend, in welches er gerathen war, nicht ſo empfindlich fiel, als ſein ganzes Unvermögen, ſein Verſprechen zu halten, und er zu Paris Unterſtützung zu finden hoffte, die er in einer Provinzſtadt nicht erwarten konnte: ſo reiſte er nach der Hauptſtadt.

Sobald er daſelbſt angelangt iſt, geht er zu ſeinen Correſpondenten, erzählt ihnen alle Umſtände ſeines Unglücks mit der Sprache der Wahrheit, welche, indem ſie nicht den geringſten Flecken in der Erzählung läßt, ſogar Theilnehmung und Liebe erweckt. Er bittet dringend, daß man ihm Mittel verſchaffen möge, ſich in Stand zu ſetzen, ſeine Schulden zu bezahlen; er will gern

gern mit Eifer jede Arbeit unternehmen, weil er überzeugt ist, daß der rechtschaffene Mann, welcher Schulden hat, durch das festeste und heiligste Band gefesselt ist.

Es gibt solche unbarmherzige Seelen, welche die Gesetze mißbrauchen, um ungestraft Barbaren zu seyn. Zum Unglück war einer von diesen Nichtswürdigen, deren Herz ehern ist, unter den Gläubigern Lormeuils. Das Flehen und die Seufzer dieses unglücklichen Mannes konnten ihn nicht rühren. Mein Geld oder ins Gefängniß! dieß war die einzige Antwort, die Lormeuil auf seine demüthigen Bitten erhielt, welche die traurige Nothwendigkeit, einen Unmenschen anzuflehen, aus ihm heraus preßte. Vergebens stellte er ihm die Ursache vor, die seinen Sturz veranlaßt hatte. Wenn Sie glauben, mein Herr sagte der arme Kaufmann mit Thränen zu ihm, dasjenige, was Sie durch mein unglückliches Schicksal verlohren haben, dadurch wieder zu erhalten, daß Sie mich der Freyheit berauben: so werfen Sie mich

C 5 ins

ins Gefängniß; so nehmen Sie mir das Leben; es ist doch nur eine drückende Last für mich. Laßen Sie mich aber noch ferner Herr meiner Handlungen seyn: so zweifeln Sie nicht... ich werde alles mögliche versuchen, um Sie zu bezahlen. Ja, mein Herr, ich werde mich willig zu allem verstehen, was mein trauriges Schicksal mir vorschreiben wird; ich will, wenn es seyn muß, das Feld pflügen, es mit meinem Schweiße, mit meinen Thränen benetzen. Ihre Thränen, ihr Blut, das sind schöne Worte, unterbricht ihn der gefühllose Gläubiger, der immer unerbittlicher wird; all dieß Zeug schafft mir mein Geld nicht wieder, und kurz und gut, ich muß mein Geld haben, oder ich lasse Sie stehenden Fußes einsetzen.

Der unglückliche Lormeuil kann dem letztern Schlage, der ihm drohte, nicht ausbeugen; er muß in Fesseln schmachten, fern von einer geliebten Gattin, fern von sechs unerzogenen Kindern, deren Stütze er war. Sein ältester Sohn, ein Jüngling von achtzehn

zehn Jahren war bey einem Kaufmann zu Kadix in der Lehre, Er erfährt die traurige Lage, in welcher sein Vater sich befindet. Das erste, was er that, ist, daß er alles verkauft, was er hat; er zieht eine kleine Geldsumme daraus, die er sogleich dem Urheber seines Daseyns zuschickt; er brennt vor Verlangen, bey ihm zu seyn, ihn zu trösten, alles anzuwenden, um seine Fesseln zu zerbrechen. Des Jünglings Seele hatte sich ganz allein auf diesen erhabenen Entschluß gespannt; er behält nichts für sich, entblöst sich von allem, und ist dadurch genöthiget, eine Reise zu Fuß zu machen, die jeden andern als diesen gefühlvollen Sohn abgeschreckt haben würde. Er kommt an, wirft sich seinem Vater in die Arme: — in welchem Zustande muß ich Sie antreffen, geliebter Vater? — Gott, bist du es, mein Sohn? und wie... in diesen Lumpen der Dürftigkeit!.. Deine Kleider.. ach, ich errathe, was du gethan hast! Meine Pflicht, mein Vater! Ach, dieses Opfer ist ja so gering! Denken wir jetzt nur an Sie, nur an Sie mein Vater.

Der

Der unglückliche Kaufmann schildert seinem Sohn sein ganzes Unglück, und noch ruft er aus, wäre nur ich, ich allein das Schlachtopfer eines unverdienten Schicksals, so würde ich mich mit dem Muthe eines untadelhaften Lebens waffnen, und durch die Religion gestärkt, diesen schrecklichen Sturz ertragen können. Aber, mein Sohn, deine Mutter, deine Geschwister leiden mit mir in meiner schrecklichen Lage; in diesem Augenblick unterliegen sie vielleicht.

Der Kaufmann kann nicht ausreden, er überläßt sich einer stummen Verzweifelung; der Jüngling theilt seine bittern Leiden mit ihm, sinkt auch in Muthlosigkeit nieder; schnell aber erhebt er sich wieder: — Wie? Sie konnten den Barbaren, den Unmenschen, das Ungeheuer nicht zum Mitleiden bewegen? Nun, gut, ich will ihn sprechen! — Was sagst du, mein Sohn! In diesem Zustande, in diesem armseligen Aufzuge? — Ich werde mich dessen vor ihm, vor der ganzen Welt rühmen. Der Grau-

Grausame! Hat er denn etwa keine Kinder? Ja, ich gehe. — Bleib mein Sohn, thue keinen vergeblichen Schritt, der nur meinen Kummer, meine Schaam vermehren würde. Er wird dich mit Kränkungen überhäufen. — Mich kränken, mein Vater, wenn ich für den rede, dem ich das Leben zu danken habe? Machen Sie mich, ich bitte Sie, in meinem Vorhaben nicht irre.

Endlich hat der junge Lormeuil sich aus den Armen seines Vaters gewunden, nachdem er vorher noch häufige Thränen über seine Wangen hingeweint hatte. Er läßt sich bey dem harten Gläubiger anmelden, der ihn verächtlich ansahe, so bald er ihn erblickte. — So wie er da kommt, kann ich mir wohl vorstellen, daß er kein Geld mitbringt? — Nein, mein Herr; aber ich bringe ein Herz mit, welches das Ihrige zu gewinnen sucht... Sind sie Vater mein Herr? — Ey wozu diese Frage? — Wenn Sie Vater sind: so kann mein armseliger Anzug Sie nicht beleidigen Ich habe den unglücklichen Zustand erfahren, in
wel-

welchen Sie meinen Vater gesetzt haben; habe alle meine Habseligkeiten verkauft, und was ich dafür erhielt, so wenig es war, meinem Vater gegeben. Ach, mein Herr, könnte ich doch mit meinem Blute, mit dem Blute, das ich ihm ja zu danken habe, seine Freyheit erkaufen, und die schreckliche Schuld tilgen, die ihn derselben beraubt hat. Ich komme Ihnen einen Vergleich anzubieten, der Ihnen nützlich seyn kann. Wissen Sie wohl, daß mein Vater eine Frau und sieben Kinder hat, daß diese unglückselige Familie in diesem Augenblicke unter ihrem Kummer hülflos darnieder liegt; daß meines Vaters Arbeitsamkeit ihr Leben erhielt, daß diese Arbeitsamkeit ihn vielleicht in der Zukunft in Stand setzen könnte, sie zu befriedigen? — Ich verstehe ihn; nicht wahr, er soll nicht mehr in meiner Gewalt seyn; und meine Schuld?.., — Ihre Schuld wird immer sicher bleiben... Wenn jemand sich an meines Vaters Stelle anböthe, eine Bürgschaft zu leisten, die Sie von seinem äußersten Eifer, Sie zu befriedigen, versichern könnte? (Hier warf er
sich

sich dem Gläubiger zu Füßen.) Ich stehe Sie um diese Gnade, lassen Sie meinen Vater frey; ich will mir seine Fesseln anlegen lassen, lassen Sie mich in den finstersten Kerker sperren, ich beschwöre Sie bey den Thränen der Menschheit, geben Sie unter dieser Bedingung meinen Vater seiner bestürzten Familie wieder; er wird Sie ganz gewiß bezahlen; mein Vater liebt mich ja; er wird alles versuchen, was in seinen Kräften stehet, mich aus meinem schreckenvollen Aufenthalte zu befreyen. O, ich lasse Sie nicht, bis Sie mir dieß bewilligen. Ich will Ihnen dafür, wie für die größte Wohlthat danken. — Er wollte also ins Gefängniß gehen? — O diesen Augenblick ruft der Jüngling und springt in hohem Entzücken auf; diesen Augenblick fliege ich, eile ich hin... Mein Vater frey! o wie viel Dank bin ich Ihnen schuldig, wie werde ich meine Erkenntlichkeit genug beweisen können! Er lag wieder zu den Füßen des Gläubigers! feurig umarmte er Sie; Sie sind mein größter Wohlthäter; ja Ihnen bin ich mein Leben schuldig

dig... Ich darf ihm die Fesseln abnehmen... — Wir wollen zu ihrem Vater gehen, sagte der Gläubiger mit einiger Rührung zu ihm... — Wie, mein Herr, und was wollen sie thun?.. Haben Sie Ihren Entschluß geändert? Mein Vater wird nicht zugeben, daß ich.. — Ich sage es Ihnen noch einmahl, führen Sie mich zu Ihrem Vater... Ihr Wunsch soll erfüllt werden... ich gebe Ihnen mein Wort darauf.

Der junge Lormeuil, voll Verzweiflung über den unvermutheten Zufall, der seine Hoffnung vereitelte, willigt doch endlich mit Seufzen in das, was der Gläubiger forderte; sie gehen nach dem Gefängnisse. Kaum erblickt dieser den Lormeuil, so wirft er sich in seine Arme, weint, und weißt auf seinen Sohn hin. — Der ist mein Sieger! Er hat mich die Stärke des Gefühls, der Natur kennen gelehrt! Ihr Sohn, Lormevil, macht mich wieder zum Menschen; er zerbricht Ihre Ketten. Laßt uns schnell aus diesem schrecklichen Orte wegeilen.

Er erzählt dem Vater das edelmüthige, rührende Anerbieten des Jünglings; sie überlassen sich alle drey dem Reize der Empfindung; sie vergießen Thränen, jene unaussprechlich süßen Thränen, die die Wonnetrunkene Seele vergießt. — Ich habe mein Unrecht noch nicht zur Genüge vergütet; wir müssen noch beyde Ihre Freyheit und unsre Versöhnung versiegeln; Sie müssen beyde das Mittagsessen bey mir nehmen.

Es ist unmöglich das Erstaunen und Entzücken zu beschreiben, in welchem Lormeuil und sein Sohn schwammen. Sie kommen mit ihrem Gläubiger in seinem Hause an. Dieser scheint mit jedem Augenblicke mehr gerührt zu seyn. Er geht vom Tische weg in ein Kabinet, das an den Speisesaal stößt, kommt mit Lormeuils Wechselbriefen zurück, welche zerrissen waren. Lormeuil schreyt laut auf: um Gottes Willen, mein Herr, in welchem Zustande sind diese Papiere? — Sie sind getilgt, ich bin bezahlt; Hier haben Sie den Beweis davon.

Noch

Noch mehr, liebes Kind, sagte er zu seiner Tochter, einem Engel von Schamhaftigkeit und Schönheit von ungefähr siebenzehn Jahren, ich will deinem Herzen keinen Zwang anthun; würdest du wohl diesen jungen Herrn (indem er auf den jungen Lormeuil zeigte,) zu deinem Gatten nehmen können? — Und Sie, Muster der Liebe und Ehrfurcht gegen einen Vater, könnte Sie wohl die Hand meiner Tochter beglücken? Vater und Sohn werfen sich dem Gläubiger zu Füßen; sprachlos liegen sie da; das volle Gefühl ihres Dankes hat ihre Sprache gehemmt; sie können nichts als einen Strom von Thränen vergießen. Endlich ruft der junge Lormeuil aus: wie, mein Herr, ich soll so glücklich seyn, Ihr Tochtermann zu werden? — Sie haben mir eine Wonne bereitet, sagt der Vater des reizenden Mädchens zu ihm, die ich sonst nie geschmeckt habe; nein, Reichthum kann uns nicht solche Zufriedenheit, solchen himmlischen Genuß nicht gewähren. Wie glücklich würde ich mich schätzen, wenn ich im Stande wäre, Sie zu belohnen! Lassen

sen Sie uns beysammen leben, nur eine Familie ausmachen! Wir können dieses Bündniß nicht zu geschwind schließen, durch welches ich einen Tochtermann erhalte, den ich wie meinen eigenen Sohn lieben will. Wie war der alte Lormeuil aufs neue erstaunt, und von Dankbarkeit entzückt, als den andern Tag alle seine Schulden bezahlt waren. Es kostete ihn keine Mühe, die Hand zu errathen, die so viele Wohlthaten auf ihn häufte. Er will den Dank seines Herzens ausströmen lassen: — O Freund, Sie sind mir keinen Dank schuldig. Ich habe es Ihnen schon gesagt; ich, ich bin Ihnen schuldig, und werde meine Schuld nie so, wie ich es wünsche, abtragen können Ihnen beyden habe ich Freuden zu danken, die ich gar nicht kannte; denken wir lieber an die Heirath, wir müssen sie bald vollziehen. Dieser Gegenstand soll uns jetzt allein beschäftigen.

Virginie und der junge Lormeuil wurden die glücklichsten Gatten; sie genoßen zugleich alle Süßigkeiten der Ehe und der Liebe. Der Schritt eines tugendhaften Sohnes konnte aus einem hartherzigen Gläubiger den wohlthätigsten, gefühlvollsten glücklichsten Menschen machen.

Die

Die kindliche Ehrfurcht.

Die vielerley Fürsten sind bekannt, unter welche Spanien getheilt war, als die Maurische Macht die ersten Stöße erlitt. Ferdinad war König von Leon; er liebte seinen Sohn so zärtlich, daß er vom Throne stieg, und denselben, ungeachtet seiner Weigerung, an seine Stelle setzte. Alsphons verdiente diese unbegrenzte Liebe: er athmete, so zu sagen, bloß für seinen Vater. Wenn er sich genöthigt sahe, mit den Feinden der Christen zu kriegen: so ging er nie aus dem Pallaste, als bis er den Segen seines Vaters erhalten hatte; und kehrte er dann zurück: so führte ihn sein Herz vor allen Dingen zu Ferdinands Füßen hin; sein Tagewerk war zwischen der Sorge für den Staat und seinen Vater getheilt. War er nicht um ihn: so brauchte er die Vorsicht, Leute bey ihm zu lassen,

sen, deren Treue und Eifer er kannte. Oft stand er des Nachts auf, um selbst zu sehen, ob sein Vater schlafe, und ob er nicht etwa eine Unpäßlichkeit fühlen möchte. In Ferdinands Gegenwart setzte er sich nicht eher nieder, als bis er die Erlaubniß dazu erhalten hatte. Oft sagte er: wenn ein Kind noch einen Gott haben könnte: so sollte es sein Vater seyn.

Alphons erhielt einen glänzenden Sieg über die Mauren; Ferdinand fühlt ein brennendes Verlangen, seinem Sohne entgegen zu gehen, und über den jungen Helden seine väterlichen Thränen zu vergießen. Der gute Greis verlangt durchaus, daß man ihn in seiner Sänfte, ungeachtet seiner Schwächlichkeit, und der Vorstellungen derer, die ihm ergeben waren, seinem Sohne entgegen tragen sollte. — Sie wissen es gnädigster Fürst, erwiederte man ihm, daß der König uns ausdrücklich befohlen hat, für Ihre Erhaltung zu wachen. — O meine Freunde, versetzte er, die Freude, daß ich meinen Sohn, daß ich ihn als Sieger

um-

umarmen kann, wird mir sicher alle meine Jünglingskraft wieder schenken, versagt mir das nicht, was ich als einen wichtigen Dienst ansehen werde.

Ferdinand geht also dem jungen König entgegen. Kaum hat Alphons ihn erblickt: so steigt er vom Pferde, eilt in die Arme seines Vaters, und kann sich nicht von ihm trennen. — O wenn mein Sieg mir eine süße Trunkenheit einflößt: so ist es, weil er mir durch die Liebkosungen meines Vaters belohnet wird. Der Prinz begleitet seine Sänfte zu Fuß; vergebens bringt Ferdinand in ihn; vergebens läßt er sich zu Bitten herab, um ihn zu bewegen, sich wieder auf das Pferd zu setzen. Ich beschwöre dich mein Sohn! es ist nicht billig, daß du zu Fuße gehest, da mein übriges Gefolge zu Pferde ist. — Sie sind ja nicht ihre Söhne. Dieß war die ganze Antwort des Prinzen, dieses Musters ehrfurchtsvoller Kinder und dann setzte er seinen Weg weiter fort.

In Schweden war der Vater eines funfzehnjährigen Jünglings verurtheilt worden, das Leben zu verlieren, weil er in einem wichtigen Amte unrechtmäßige Gelder an sich gezogen hatte. Kaum erfuhr es sein Sohn, so warf er sich dem Richter zu Füßen, er both sich an, an seines Vaters Stelle zu sterben, und beschwor ihn, sein Anerbiethen nicht auszuschlagen. Der Richter forschte den Jüngling genau aus, um zu erfahren, ob er aus eigenem Triebe so spräche. Als er von der Aufrichtigkeit seiner Gesinnung fest überzeugt war: so berichtete er die Sache an den König, der einen Kurier abfertigte, um Gnade für den Vater, und einen ehrenvollen Titel für den Sohn zu überbringen. Der letztere aber weigerte sich beständig, dieß Ehrenzeichen anzunehmen, und sagte, daß es das Publikum nur immer an die Vergehung seines Vaters erinnern würde. Der König, der von dem Beyspiel einer so weit getriebenen kindlichen

chen Liebe bis zu Thränen gerührt wurde, ließ den Jüngling an seinen Hof bringen, sorgte mit vorzüglicher Liebe für ihn, und machte ihn zu seinem Kabinetssecretair.

Der edelmüthige Sohn und der großmüthige Wohlthäter.

Zu Marseille stand ein junger Mensch, Namens Robert am Ufer, und wartete, ob jemand in seinen Nachen treten wollte. Ein Unbekannter stieg hinein, war aber im Begriffe, sogleich wieder heraus und in einen andern zu gehen, weil — wie er zu Robert, der sich zeigte, und von ihm nicht für den Herrn des Schiffes gehalten wurde, sagte — weil der Schiffer nicht zum Vorschein käme. — Dieß Schiff ist mein! Wollen Sie zum Hafen hinaus fahren, mein Herr? — Nein, mein Herr, es ist nur noch eine Stunde Tag. Ich wollte nur ein paar Mahl im Hafen auf und abfahren, um des kühlen und schönen Abends zu genießen. Er sieht ja aber nichts weniger als einem Schiffer ähnlich, auch hat er die Mundart dieser Leute nicht. — Es ist wahr, und im Grunde bin ich auch keiner, ich treibe dieß Handwerk an Sonn- und Festtagen, nur, um mehr Geld zu verdienen. — Pfuy, in seinem Alter schon geizig zu seyn! Das entehrt seine Jugend, und erstickt den Antheil, welchen seine Gesichtsbildung im ersten Augenblicke einflößt. — Wenn Sie wüßten, warum ich so sehr wünsche, Geld zu verdienen; wenn Sie mich kennten: gewiß würden Sie meinen Gram nicht dadurch vergrößern, daß Sie mir eine so niedrige Denkungsart zutrauen. — Ich habe ihm vielleicht unrecht gethan; er hat sich aber übel ausgedrückt. Wir wollen unsre Spazierfahrt antreten; da soll er mir seine Geschichte erzählen. — Wohlan, mein guter Freund, sag er mir jetzt, was hat er für Sorgen? Ich bin vorbereitet, Theil daran zu nehmen. — „Ich habe nur eine einzige: meinen Vater in Fesseln zu wissen, ohne ihn davon befreyen zu können. Er

war

war Mäkler in dieser Stadt, legte das, was er selbst erspart, und meine Mutter in dem Handel mit Modewaaren gewonnen hatte, auf ein Schiff an, welches nach Smyrna bestimmt war, und machte, um auf die Umsetzung seiner wenigen Waaren ein Auge haben und selbst wählen zu können, diese Reise in Person mit. Das Schiff ist von einem Seeräuber weggekapert und nach Tetuan geführt worden, wo mein unglücklicher Vater mit allen, die am Borde waren, jetzt Sclave ist. Seine Ranzion ist auf zweytausend kleine Thaler gesetzt; da er sich aber ganz erschöpft hat, um seine Unternehmung desto wichtiger zu machen: so sind wir jetzt nicht im Stande, diese Summe zusammen zu bringen. Indessen arbeiten meine Mutter und Schwestern Tag und Nacht; ich thue desgleichen bey meinem Herrn, der ein Juwelier ist, und suche, wie Sie sehen, die Sonn- und Feyertage zu nutzen. Wir haben uns bis auf Dinge der äußersten Noth eingeschränkt. In einem einzigen kleinen Kämmerchen führt unsre unglückliche Familie ihre ganze

Haus-

Haushaltung. Anfangs glaubte ich, ich würde die Stelle meines Vaters einnehmen, ihn befreyen, und mich Statt seiner in Fesseln legen lassen können; ich war im Begriffe, dieß Vorhaben ins Werk zu setzen, als meine Mutter, die, ich weiß nicht wie, Nachricht davon erhielt, mich versicherte, daß es eben so unmöglich, als fantastisch wäre, und allen Capitains, die nach der Levante segeln, verbieten ließ, mich an Bord zu nehmen. — Erhält er bisweilen Nachricht von seinem Vater? Weißler, wer dessen Herr zu Tetuan ist, und wie er dort gehalten wird? — Sein Herr ist Oberaufseher der königlichen Gärten; man behandelt ihn ganz menschlich, und die Arbeiten, die ihm aufgetragen werden, gehen nicht über seine Kräfte. Aber wir sind nicht bey ihm, ihn trösten, ihm sein Unglück erleichtern zu können; er ist von uns, von einer geliebten Gattinn und von drey Kindern, die er immer aufs zärtlichste liebte, entfernt. — Und wie heißt sein Vater zu Tetuan? — Er hat seinen Namen nicht verändert, und heißt Robert, wie zu

Mar-

Marseille. — Ha, ha, Robert... beym Oberaufseher der Gärten? — Ja mein Herr! — Sein Unglück geht mir zu Herzen; aber nach seinen Gesinnungen, die dasselbe nicht verdienen, bin ich kühn genug, ihm ein besseres Schicksal zu prophezeyen, und wünsche es ihm vom Grunde der Seele... Ich wollte mich, indem ich der Abendkühle genieße, auch der Einsamkeit überlassen; nehm er mirs also nicht übel, mein Freund, wenn ich einen Augenblick stille bin." Bey Anbruch der Nacht erhielt Robert Befehl, ans Land zu fahren, und noch ehe er Zeit gehabt hatte, auszusteigen, oder das Schiff anzuschließen, machte sich der Unbekannte heraus, und erlaubte dem Robert nicht einmahl, ihm für den Beutel, den er ihm zurück ließ, zu danken; so eilfertig machte er sich davon. In diesem Beutel waren acht doppelte Louisd'or, und zehn Thaler Silbergeld. Eine so beträchtliche Freygebigkeit brachte dem jungen Menschen einen sehr hohen Begriff von der Empfindsamkeit des Unbekannten bey; aber vergebens wünschte er sehnlichst, ihm begegnen, und dafür dan-

danken zu können. Sechs Wochen nach dieſem Zeitpunkte, als dieſe ehrliche Familie, die, um die nöthige Summe voll zu machen, unaufhörlich fortgearbeitet hatte, eben ein mäßiges Mittagsmahl, das aus Brod und dürren Mandeln beſtand, einnahm, überraſchte ſie der alte Robert, ſehr ſauber gekleidet, mitten in ihrem Kummer und Elende. — Ach, meine Frau, ach meine lieben Kinder, wie habt ihr mich ſo geſchwind befreyen können, und auf die Art, wie ihr es gethan habt? Seht nur, wie ihr mich herausgeputzt habt, und dann die 50 Louisdor noch, die man mir, als ich mich einſchiffte, darzählte, da Reiſe und Unterhalt doch ſchon vorausbezahlt waren! Wie ſoll ich für ſo vielen Eifer, für ſo viele Liebe euch danken? Und dieſe entſetzliche Beraubung aller Bequemlichkeiten, der ihr euch mir zu Liebe unterzogen habt. — Vor Erſtaunen war es anfangs der Mutter unmöglich zu antworten; ſie ſchwam in Thränen, ihre Tochter desgleichen, und eine Umarmung folgte der andern. Der junge Robert blieb ſteif auf ſeinem Stuhle, immer ohne

Be=

Bewegung, und fiel endlich in Ohnmacht. — Die Thränen, die sie vergoßen, gaben endlich der Mutter die Sprache wieder; sie umarmt ihren Mann noch einmahl, sieht ihren Sohn an, zeigt ihn dem Vater, nnd — das ist dein Befreyer! sagte sie. — Sechstausend Livres waren für deine Ranzion gefordert; wir haben erst etwas über die Hälfte beysammen, und das Meiste davon hat dein Sohn durch seine Arbeit verdient; seiner Liebe zu dir sind wir dich schuldig. Dieser wackere Sohn hat vermuthlich Freunde gefunden, die gerührt von seinen Tugenden ihm beystanden; und da er gleich im Anfang deiner Sclaverey heimlich den Vorsatz faßte, deine Stelle einzunehmen: so haben wir ohne Zweifel ihm unser Glück zu danken, und er hat uns ganz gewiß auf diese Art überraschen wollen. Sieh nur, wie er es fühlt: aber wir müssen ihm beyspringen. Die Mutter eilt auf ihn zu, die Schwestern desgleichen. Mit grosser Mühe entreißt man ihn seiner Ohnmacht; er wirft einen schmachtenden Blick auf seinen Vater, hat aber noch nicht Kräfte genug, um um sprechen zu können. Auf seiner Seite wird der Vater auf einmahl still und nachdenkend: scheint bald darauf ganz bestürzt, redet seinen Sohn an, und sagt: Unglücklicher! was hast du gethan? Wie kann ich dir meine Befreyung verdanken, ohne darüber zu erröthen? Wie konnte sie ein Geheimniß deiner Mutter bleiben, wenn du sie nicht auf Kosten deiner Tugend erkauft hast? In deinem Alter, Sohn eines Verunglückten, eines Sclaven verschaft man sich nicht leicht auf ordentlichen Wegen so beträchtliche Hülfsmittel, als du nöthig hattest. Ich schaudere vor dem Gedanken, ob dich nicht vielleicht die kindliche Liebe zu einem Verbrechen verleitet hat. Beruhige mich, sey aufrichtig, und wenn du aufhören konntest, ein ehrlicher Mann zu seyn, so laßt uns alle sterben. — Geben Sie sich zufrieden, mein Vater, antwortete er, und stand auf, voll Wehmuth über einen solchen Argwohn. Umarmen Sie ihren Sohn! er ist dieses schönen Titels nicht unwürdig, Sie haben ihre Freyheit nicht mir, nicht uns zu danken. Ich kenne unsern

sern Wohlthäter. Jener Unbekannte, Mutter, der mir seinen Beutel gab, that sehr viele Fragen an mich. Zeitlebens werde ich ihn aufsuchen; ich werde ihn antreffen; er wird mit mir kommen, seiner Wohltha‍ten zu genießen, Theil daran zu nehmen; und Thränen der Wollust mit uns weinen. „Hier erzählte der Sohn dem Vater die Anecdote von dem Unbekannten, und benimmt ihm seine Furcht. — Robert fand in der Ruhe, die er jetzt wieder ge‍noß, Freunde und Beystand. Ein weit glücklicherer Erfolg,„ als er erwartet hatte, übertrifft seine Hoffnung, krönet seine Un‍ternehmungen. Nach zwey Jahren ist er reich; seine Kinder, die versorgt und glück‍lich sind, genießen mit ihm und seiner Frau einer Glückseligkeit, die nichts würde gestört haben, wenn es dem Sohne mit seinen un‍unterbrochenen Nachforschungen geglückt hätte, den verborgenen Wohlthäter, den Gegenstand ihrer Dankbarkeit und Sehn‍sucht, ausfindig zu machen. — Endlich traf er ihn an einem Sonntagsmorgen am Hafen an, wo er spazieren ging.„ Ach mein Schutz‍

E

gott!] ist alles, was er sagen kann, wirft sich zu seinen Füßen, und fällt ohne Sinne dahin. Der Unbekannte gibt sich alle Mühe, ihm beyzuspringen; es gelingt ihm, mit etwas gebranntem Wasser ihn zu sich zu bringen; er ist eben so begierig, ihn nach der Ursache, die ihn in diesen Zustand versetzt hat, zu fragen — Ach, mein Herr, kann sie Ihnen unbekannt seyn? Haben Sie Robert und seine unglückliche Familie, die Sie durch Befreyung des Vaters auf den höchsten Gipfel des Glückes setzten, vergessen? — Er irrt sich mein Freund! ich kenn ihn nicht, und er kann mich auch nicht kennen; ich bin fremd zu Marseille, und erst seit wenigen Tagen hier. — Das ist alles möglich; aber erinnern Sie sich, daß Sie vor zwey Jahren auch hier waren; denken Sie nicht mehr an jene Spazier-fahrt im Hafen, an den Antheil, den Sie an meinem Unglücke nahmen, an die Fra-gen, die Sie an mich thaten, und die alle nur solche Umstände betrafen, die Ihnen die nöthigen Erläuterungen geben könnten, um mein Wohlthäter werden zu können?

Be-

Befreyer meines Vaters, können Sie vergessen, daß Sie der Retter unserer ganzen Familie sind, die nichts anders mehr wünscht als ihre Gegenwart? Versagen Sie uns die Erfüllung unserer Wünsche nicht; kommen Sie, theilen Sie unsre Freude, vermischen Sie ihre Thränen der Rührung mit unsern Zähren der Dankbarkeit! Kommen Sie! — Gemach, mein Freund! ich habs ihm schon einmahl gesagt, er irrt sich. — Nein, mein Herr, ich irre mich nicht; ihre Züge sind zu tief in mein Herz eingegraben, als daß ich Sie mißkennen könnte; kommen Sie, ich bitte. — Hier nahm ihn der junge Robert beym Arme, suchte ihn fast mit Gewalt fortzuziehen, und um beyden fing nun das Volk an, sich zu sammeln. — Der Unbekannte sprach auch mit einem ernsthaftern und festern Tone: mein Herr, diese Scene ermüdet mich, ohne Sie zu erleichtern; eine auffallende Aehnlichkeit verursacht Ihren Irrthum; rufen Sie ihre Vernunft zurück, und suchen Sie im Schoose ihrer Familie, die Ruhe wieder, die Sie nöthig zu haben scheinen. — „Welche Grausamkeit! War um wollen Sie, der Wohlthäter unsrer Familie durch ihren Widerstand, durch ihre Abneigung mich zu begleiten, die Glückseligkeit vergällen, die sie nur Ihnen zu danken hat? und sollten Sie grausam genug seyn, den rührenden Tribut von sich abzulehnen, den wir schon so lange ihrem fühlenden Herzen vorbehalten haben? Und ihr, meine Mitbürger, ihr alle, die ihr von der Verwirrung und Unruhe, in der ich bin, gerührt seyn müsset, vereiniget euch mir, den Urheber meiner Wohlfart zu vermögen, daß er mit mir gehe. Hier schwieg der Unbekannte; auf einmal aber nahm er alle seine Kräfte zusammen, um die Versuchung zu besiegen, in die ihn ein so köstlicher Genuß, den man ihm anbot, hätte verführen können, und verlohr sich im Getümmel, zum größten Schmerz des jungen Roberts, der mit erloschenen und wild umher irrenden Blicken ihm nachsahe. So ließ der Unbekannte dem erstaunten Volke ein Beispiel von Heldenmuthe, wie es noch keins gesehen hatte. Stille übermäßige Betrübniß, erstickter Unwille traten an

die

die Stelle der Gemüthsunruhe, von welcher der ehrliche Robert herumgetrieben war; man sahe sich genöthiget, ihn nach Hause zu tragen, wo endlich ein heilsamer Thränenguß ihn seinem gefährlichen Zustande entriß.

Der Unbekannte, von dem die Rede ist, würde es noch seyn, wenn nicht seine Verwalter, die nach dem Tode ihres Herrn unter seinen Papieren eine Note von 7500 Livres fanden, den Herrn Robert Mayn von Cadix an den sie geschickt waren, aus bloßer Neugier (denn die Note war durchstrichen, und das Papier zusammen gedrückt als zum Feuer bestimmt) darüber befragt hätten. Dieser berühmte englische Banquier antwortete, er habe die Summe angewandt, einen Sclaven zu Tetuan, Namens Robert aus Marseille, los zu kaufen, auf Befehl des Herrn Carl von Secondat, Baron von Montesquieu, Oberpräsident des Parlaments zu Bourdeaux. Bey seiner thätigen, arbeitsamen und forschenſchenden Lebensart reiſte der Herr v. Montesquieu ſehr gern, und beſuchte oft ſeine Schweſter, Madame d'Hericouet die zu Marſeille vermählt war.

Der

Der reiche Sohn, der es zu seyn verdient.

Man redet von den Reichen so gern übel; und wirklich muß man gestehen, daß viele durch ihr Betragen den Haß rechtfertigen, den sie sich zuziehen. Sie reizen den Neid, da sie vielmehr suchen sollten, ihn zu besänftigen, und um so zu sagen, Vergebung wegen ihres Glückes zu erhalten, welches eine Art von Verbrechen in den Augen der Unglücklichen ist. Doch ist es angenehmer, gerecht zu seyn, als über Mißbräuche unwillig zu werden, die den Wohlstand bisweilen begleiten. Es sind nicht alle Narren boshaft, durch den Reichthum wird nicht immer das Herz verdorben; hier ist ein Beweis davon, der ihn vielleicht wieder mit der Menschheit aussöhnen kann.

Ein armer Wasserträger, Namens Heinrich, hatte sich, ungeachtet seiner äußerst

dürftigen Umstände sehr jung verheirathet
und war dadurch Vater einer zahlreichen
Familie geworden. Charlot sein ältester
Sohn verliert sich; der arme Heinrich ist
darüber untröstlich. Man fragte ihn nach
der Ursache seines Kummers. — „Ach, ich
habe alles verlohren! Mein armer Charlot!
Kein Mensch weiß, was aus ihm geworden ist-,

Gewisse vornehme Leute konnten es
kaum begreifen, daß ein armseliger Wasserträger seinen Sohn lieben, daß er um ihn
trauern könnte. Der Sohn eines Wasser-
trägers! Ihr solltet, sagte man zu ihm,
Statt euch über diese Begebenheit zu be-
trüben, dem Himmel vielmehr dafür danken; ihr habt ja eine Last weniger auf dem
Halse. Ach, antwortete Heinrich, weiß
denn niemand, was es heißt: Vater zu
seyn. Das versüßt alle Leiden; und wenn
meine Wassereymer noch zwanzig mahl
schwerer wären, so sollten sie mich leicht
dünken, wenn nur mein Charlot bey mir
wäre. Endlich hörte man den guten Heinrich

sich gar nicht mehr an, wenn er den Verlust seines Sohnes beklagte.

Der unglückliche Vater trug seinen Eimer noch über dreyßig Jahre fort, und unterhielt sich noch immer mit seinem Weibe von seinem lieben Charlot. Ich kann mich nicht an seinen Verlust gewöhnen, sagte er allezeit; ich sehe ihn noch immer, wie er da sonst bey uns saß; er muß recht gewachsen seyn.

Die Mutter und etliche Kinder starben; und die, welche noch lebten, brachten weit von ihrem Vater ihr elendes Leben hin. Heinrich veränderte oft sein Quartier, aber seine Umstände blieben immer eben dieselben. Gebeugt von Alter und Mühseligkeiten erlag er unter dem Elende.

Er schöpfte Wasser an dem Brunnen in der Gasse Richelien. Ein paar Wagen hatten sich in einander verwirrt. Dadurch wurde eine prächtige Kutsche aufgehalten. Drey oder vier unverschämte Taugenichtse in kostbarer Livree verkündigten die Wichtigkeit der Personen in der Kutsche. Wirklich zogen auch drey prächtig gekleidete Personen die Blicke der gemeinen Leute auf sich. Der gute Heinrich vergaß, warum er zur Quelle gekommen war; er betrachtete sie auch, und sprach bey sich: diese sind doch recht glücklich.

Auf einmahl fährt ein Schrey aus der Kutsche. Eine von den drey Personen, die darin sitzen, befiehlt den Bedienten mit Hitze, den Schlag zu öffnen; stürzt sich heraus, auf den Wasserträger zu, fällt ihn um den Hals, und ruft: Nein, ich betrüge mich nicht ... ich betrüge mich nicht ... Dieß ist mein Vater! ich habe meinen Vater wieder! — Marquis! — Und Sie Graf, sagte er, indem er sich zu den in der Kutsche gebliebenen Personen wandte, meinen Vater finde ich wieder, den ich so lang gesucht habe. Ja, dieß ist er! Ja, meine Freunde, indem er sich zu etlichen Armen kehrte, die sich um ihn drängten, dieß ist mein Vater!

Heinrich hatte anfangs über die Umarmung eines so vornehmen Mannes, den er

nicht

nicht erkannte, gestutzt. — Ey was machen Sie, gnädiger Herr! Wie habe ich die Ehre?... ein armer Teufel, wie ich... O Gott, ist's möglich? Bist du's?.. Bist du mein Sohn Charlot?... Mein Herr, welches Glück.. Sie erweisen mir viel Ehre... Seh' ich dich denn noch vor meinem Ende, lieber Charlot?.. Habe ich dich denn wieder? Du bist ja recht brav.. und ich bin noch immer ein armseliger Wasserträger; aber... du bist glücklich! du bist glücklich!

Vater und Sohn benetzten sich mit wechselseitigen Thränen. Der letztere erholte sich aus der trunkenen Wonne, um mit wenigen Worten seine Geschichte zu erzählen. Er wollte nicht seines Vaters Handwerk ergreifen, und lief davon. Durch mancherley Umstände kam er nach Amerika, und brachte daselbst ein unermeßliches Vermögen zusammen. Vergebens hatte er sich nach seinen Aeltern erkundigt; er hatte nicht die geringste Nachricht erhalten können, und hielt sie für todt. Er fällt seinen Vater noch einmal um den Hals, kehrt sich dann zum Marquis: „Sie werden erlauben, daß mein

Vater sich in die Kutsche setze; und sogleich hebt er den Wasserträger hinein, der noch nicht von seiner Bestürzung zurück kommen konnte.

Der Stolz des Herrn Marquis schien ein wenig aus seiner Fassung zu kommen; allein er mußte der Natur ihren Lauf lassen; es war dieß ihr Triumphfest. Der Graf lobte die Wonne seines Freundes, und liebte ihn von diesem Tage an noch inniger.

Es ist unnöthig, noch lange zu erzählen, daß Heinich und seine übrigen Kinder an dem Glücke des Sohnes Theil nahmen, daß es sich auf die ganze Familie ergoß. Was die Hochachtung, und man kann sagen, die Ehrerbietung gegen den gefühlvollen und tugendhaften Charlot noch vermehrte, war dieses, daß er seine Freude hatte, diese Geschichte selbst zu erzählen, und daß er jedesmal dabey Freudenthränen ergoß.

Mazard, oder der Mensch in Lyon.

Mazard! möchte vielleicht mancher von denjenigen sagen oder denken, welche an die prächtigen Namen eines Caesars, Attilas, Dschingiskans, eines Tamas u. s. w. gewöhnt sind. Wer ist denn dieser Mazard? Ich habe ja noch in keiner Geschichte von ihm gelesen. Sitzt der Mann in hohen Ehrenstellen, verliert sich sein unbezweifelter Adel in dem Dunkel ferner Jahrhunderte, hat er, auf welche Art es wolle, ein beträchtliches Vermögen zusammen gebracht, hat er sich mit Glanz auf der Laufbahn der Talente gezeigt? Nein Mazard ist ein Bäcker, ein Mensch, der diesen Namen mit aller seiner Würde trägt. Gäbe es Titel und Ehrenstellen für die Tugend: so würde sicher Mazard die Glänzendsten erhalten. Er ist also ein bloßer Bäcker, aber sehr
ver-

verschieden von den meisten Mitgliedern der Gesellschaft, die mit dem falschen Wahne sich blåhen, den ihnen ein Amt, bey welchem sie nichts zu verrichten haben, oder ein Vermögen verschaft, das sie durch schändliche Mittel sich erworben haben. Mazard macht seinem Stande Ehre; er ist ein guter Vater, ein guter Ehemann, ein eifriger Freund, nimmt Theil an den Leiden seiner Brüder; denn seine Wohlthätigkeit muß besonders alle Augen auf ihn heften, und ihm die Ehre des guten Rufs erwerben, weil die Tugend die einzige Eigenschaft ist, die Wirklichkeit besitzt, und der man nicht genug Achtung und Verehrung bezeigen kann.

Mazard bäckt alle Tage eine gewisse Anzahl kleiner Brode, welche er den Handwerksleuten und den schwachen Greisen, die sich schämen, zu betteln, umsonst austheilt. Der würdige Bäcker erkundigt sich nach ihrem Namen und nach ihrer Wohnung mit eben so viel Sorgfalt und Wärme, als einer von seinen Handwerksgenossen sich um Kundschaft

schaft bewerben mag. Er geht selbst zu ihnen, tröstet sie, umarmt sie: — „Seyd „getrost, ihr guten Leute! so lange es in „meinen Kräften steht, will ich euer Unglück zu lindern suchen. Bittet Gott, daß „die Reichen bey mir Brod nehmen, und „mich bezahlen, so werde ich euch gewiß „keinen Mangel leiden lassen." Will man ihm danken, so sagt er: „Ich glaube, ihr „spasset. Mir machts mehr Freude, euch „zu dienen, als euch meine Dienste anzunehmen; ihr seyd mir wahrhaftig nichts „schuldig. Wenn ich aufhören müßte, euch „diese kleinen Dienste zu leisten: so wäre „ich bald des Todes. Der Gedanke, daß „daß ich euch zu etwas nützlich bin, macht „mir ein frohes, vergnügtes Leben. O, „ich beneide warlich die reichen Leute „nicht, die in die Comedien gehen, die „viel aufgehen lassen, kostbare Kleider tragen; sie sind gewiß nicht so glücklich, „als ich.

So zeigt sich Mazards Seele in ihrem hellsten Glanze, und in aller ihrer edeln

Ein-

Einfalt. Auch ist dieses Bibermanns Stirne nie von Traurigkeit umwölkt. Er singt von Morgen bis zum Abend, und wird von seinen Kindern fast angebetet, welchen er seine wohlthätigen Grundsätze einzuprägen sucht. Meine lieben Kinder, sagt er zu ihnen, „die Wohlthätigkeit bringt Glück. Zu„dem, was ist süßeres auf der Welt als „sie; so lange wir noch einen Bissen Brod „zu essen und keine Schulden haben, so „sind wir eben so glücklich, als unsere gros„sen Herren Kaufleute, die es so viel Mü„he kostet, vergnügt zu seyn. Mir ist es „immer eine neue Wonne, wenn ich Gutes „thun kann; glaubt mir, meine Lieben, „dies ist das reinste Vergnügen.

Eines Abends, als Majard wie gewöhnlich Brod austheilte, sieht er von seinem Bäckerladen, wie jemand mit ungeschickter Hand zitternd zwey Brode stiehlt, die zum Kaufe lagen Der Bäcker steht auf, sieht einen Mann in einem Ueberrock, der hastig davon lief; er ruft ihm nicht nach; jeder andre als der wohlthätige Majard

zard würde in der erſten Hitze Dieb! ge-
ſchrien haben. Aber er eilt ihm nach; der
Unglückliche verdoppelt ſeine Schritte, ſtürzt
ſich in ein dunkles Gäschen, rennt in einem geringen Hauſe fünf Treppen hinauf,
öffnet eine armſelige Thür, an welcher die
Dielen von einander ſtanden, und ſchließt
hinter ſich zu.

Der Bäcker war ihm auf dem Fuße
nachgefolgt, und faſt in eben demſelben Augenblick bey ſeiner elenden Wohnung angelangt. Er iſt begierig zu erfahren, wer der
Urheber des Diebſtahls ſeyn möchte, ſieht
durch die Thür einer Dachkammer, in welcher ſich die Armuth an allen Wänden zeigte, ſieht den Mann im Ueberrocke mit Thränen die zwey geſtohlnen Brode vier Kindern
austheilen, die um ihn ſtanden, für ſich
ſelbſt behielt er nichts übrig. Eſſet, ſagte
er zu ihnen, eſſet ihr für mich; ich habe
keine Nahrung mehr nöthig, der Gram tö-
det mich.... Ich habe eine ſchändliche That
begangen! doch wenn ihr wüßtet....

Majard läßt ihn nicht ausreden. In einem Enthusiasmus, dessen Wirkungen man bald sehen wird, tritt er in die Thür, und kehrt sich zornig zu dem Unglücklichen, der die Brode ausgetheilt hatte. Ist es nicht abscheulich, sagte er, vier arme Kinder so im Elende verschmachten zu lassen? Heraus mit der Sprache! Kennt er mich nicht? Da stiehlt er mir zwey armselige Brode, und ich hätte ihm freywillig so viel gegeben, als er braucht. Es thut mir wärlich wehe, daß ihr nicht mehr Zutrauen zu mir habt, ich glaube, es doch zu verdienen.... Laßt dieß nimmer geschehen! — Hört ihr? Kommt jetzt alle Tage zu mir in das Haus, und hohlt so viel Brod als ihr braucht. Da nehmt noch meinen Beutel; es ist mir leid, daß ich nicht mehr Geld bey mir habe.

Die unglückliche Familie hatte sich von ihrem Schrecken erhohlt, war dem rechtschaffenen Bäcker zu Füssen gefallen, und rufte ihm tausend Segen zu. „Wollt ihr mich denn umbringen? redete er sie an; mein Herz bricht mir ja! Liebe liebe Freunde!...

ja

ja recht, fast hätte ich es vergessen.. Nein ihr sollt um das Brod nicht zu mir kommen; ich will es euch selbst jeden Abend bringen... euch kann ich es nicht verzeihen, (zum Vater) so lange gewartet zu haben.

Als Majard wieder nach Hause kommt, verschweigt er, was ihm geschehen. Der ächte Wohlthäter ist immer auch delikat, und dem guten Bäcker schien es was ganz natürliches, das Gute, das er that, zu verschweigen.

Etliche Tage nachher erzählt ihm einer seiner Söhne, daß er zwey Kinder eines Unglücklichen angetroffen, die ihm mit Thränen des Dankes den Dienst erzählten, den sein Vater dem ihrigen geleistet hätte; er zählt ihm ferner, daß er nicht umhin gekonnt habe, diese Handlung etlichen Freunden bekannt zu machen. „Eine gute Handlung ruft Majard mit Unwillen und mit Zorn aus, ich habe sie nicht gethan, die Leute da haben dir was aufgebunden; und gesetzt, ich hätte das Glück gehabt: muß man es denn bekannt machen? Ich hätte ja nur meine Schuldigkeit gethan. Du verdienst in der That nicht zu leben, wenn du mit solchen Dingen prahlen willst. Sage selbst, glaubst du, daß man sich Glück wünschen soll, weil man essen kann? Und stillt man nicht ein eben so wahres Bedürfniß, wenn man Unglücklichen dient.

Den Bäcker ärgerte die Plauderey seines Sohns so sehr, daß er ihn ein paar Monathe lang nicht vor sein Angesicht ließ. Die Kinder des Unglücklichen, dem Majard mit jedem Tage Brod brachte, söhnten den Vater wieder mit dem Sohne aus.

Eine ähnliche Geschichte.

Im Jahr 1662. wüthete lange eine fürchterliche Hungersnoth in Paris. An einem heißen Sommerabend kam der Herr von Salo, der Parlamensrath, von einem Spaziergange in Begleitung eines einzigen Bedienten zurück. Ein Mann kommt auf ihn zu, setzt ihm die Pistole auf die Brust, und fordert ihm seinen Beutel ab, aber so zitternd wie einer, der das Handwerk, das er treibt nicht gewohnt ist. Ihr macht euch an den Unrechten sagte Herr von Salo zu ihm; an mir werdet ihr euch nicht bereichern; ich habe nur drey Pistolen bey mir und diese will ich euch herzlich gerne geben. Der Dieb nimmt sie und geht fort, ohne sonst was von ihm zu fordern. Schleich dem Manne nach, sagte Herr von Salo zu seinem Bedienten, gib genau Acht, wo er hingeht, und sage mirs dann wieder. Der Bediente that, was sein Herr ihm befahl, folgte dem Diebe durch drey oder vier Gäſſchen nach, und ſahe ihn an einen Bäckerladen gehen, wo er ein Brod von ſieben oder acht Pfund kaufte, und eine von den Piſtolen, die er bekommen hatte, auswechſelte. Zehn oder zwölf Häuſer von da ging er in ſein Haus vier Treppen hinauf; und als er in ſeine Stube kam, die blos der Mondſchein erleichtete, warf er das Brod mitten hinein, und ſagte mit Thränen zu ſeinem Weibe und zu ſeinen Kindern: eſſet, dieß Brod kommt mich theuer zu ſtehen; eßt euch ſatt daran, und quält mich jetzt nicht mehr. Ich werde nächſtens gehangen, und ihr ſeyd Schuld daran. Seine Frau weinte, beſänftigte ihn, ſo gut ſie konnte, hob das Brod auf, und theilte davon vier armen Kindern aus, die vor Hunger verſchmachteten. Als der Bediente alles wuſſte, was er wiſſen wollte, ſchlich er ſich wieder ſo ſachte hinab, als er hinauf gekommen war, und erzählte ſeinem Herrn getreulich alles, was er geſehen und gehört hatte. Haſt du ſeine Wohnung recht in Acht genommen, fragte ihn Herr von Salo, und

und kannst du mich Morgen frühe hinfüh,
ren? Ja, gnädiger Herr, antwortete der
Bediente, sie ist in einer sichern Strasse,
und ich will sie ohne Mühe wieder finden.
Den folgenden Tag ließ sich Herr von Salo
morgens um fünf Uhr von seinem Bedienten
hinführen, und traf zwey Nachbarsmägde
an, die schon die Strasse fegten. Er frag=
te die eine, ob sie nicht den Mann kenne,
der in dem Hause, welches ihr der Bedien=
te zeigte, in dem vierten Stockwerke wohnt?
Ja, mein Herr, antwortete sie, er ist ein
Schuhmacher, ein herzensguter, dienstfer=
tiger Mann, er hat aber viele Kinder, und
ist bettelarm. Er fragte auch die andere,
die ihm ungefähr eben diese Antwort gab;
darauf ging er zu dem Manne hinauf, und
klopfte an die Thür. Der Unglückliche zog
geschwind seine zerrissenen Beinkleider an,
machte ihm auf und erkannte ihn sogleich
als den, welchen er den Abend vorher be=
stohlen hatte. Ich brauche seine Bestürzung
nicht zu beschreiben. Er fällt ihm zu Füs=
sen, fleht um Vergebung, um Schonung sei=
nes Lebens. Macht nur keinen Lärm, sagt

Herr von Salv zu ihm, ich komme nicht in dieser Absicht hieher. Ihr treibt ein schändliches Handwerk, fuhr er fort, und treibt ihr es noch ein wenig so fort: so bringt es euch ohne Zuthun eines Menschen an den Galgen. Ihr seyd ein Schuhmacher, so viel ich weiß; nun da habt ihr dreyßig Pistolen, ich schenke sie euch, kauft euch Leder, und verdient Brod für eure Kinder.

Noch eine Geschichte von dieser Art.

Ein junger Mensch ward im Jahre 1772. des Abends in einer kleinen Gasse zu Paris mit den Worten angehalten: Das Geld oder das Leben. Er hörte an der Stimme, daß der Räuber, der diese Forderung thät, kein Bösewicht, sondern ein Unglücklicher sey, und erwiederte mit einer gesetzten Stimme: „Was verlangst du, Elender? Was willst du?" „Nichts, mein Herr," antwortete dieser mit Schluchzen, „ich verlange nichts von Ihnen... — „Wer bist du? Was machst du?,, — ,,Ich bin ein armer Schuh, knecht, der nicht vermögend ist, sein Weib und seine vier Kinder zu ternähren.,, — ,,Sagst du die Wahrheit? Wo wohnst du?,, — ,,Dort bey einem Bäcker.,, — ,,Ich will sehen. Komm!,, — Der arme Schuh, knecht führte ihn gedultig nach seiner Wohnung, wo seine Wirthinn im Laden stand: ,,Kennen Sie diesen Menschen?,, — ,,Ja „er ist ein Schuhknecht, der im fünften „Stockwerke wohnt, und dem es schwer „fällt, seine zahlreiche Familie zu ernäh, „ren.,, — ,,Warum geben Sie ihm aber kein Brod?,, — ,,Mein Herr, wir sind „Anfänger, und können nicht viel verbor, „gen. Mein Mann will nicht haben, daß „ich diesen Menschen für mehr als 24 Sols „leihen soll!,, — ,,Geben Sie ihm zwey „Brode; nimm diese, und führe mich in „deine Kammer.,, Der Schuhknecht führte ihn zitternd hinauf. Als sie hinein traten, fielen die Frau und die Kinder begierig über das Brod her. Der junge Mensch hatte genug gesehen. Er gieng, und ließ der Bäckerfrau zwey Louisd'ors, mit dem

Befehl, die arme Familie dafür mit Brod zu versorgen. Einige Tage nachher kommt er wieder und nimmt den Schuhknecht mit in eine Werkstatt, worin sich alles findet, was zu seiner Handthierung nöthig ist. — „Würdest du glücklich und ehrlich seyn, wenn diese Werkstatt die Deinige wäre?„ — O „mein Herr! — Aber ach, ich bin nicht „Meister, und das Meisterrecht kostet zu „viel!„ — „Führe mich zu den Schuh- macher-Alten! — Das Meisterrecht wird gekauft, und der Schuhmacher nimmt von seinem Laden Besitz. — Der junge edle Mann, welcher diese Wohlthat ausgeübt hat, die ihm 3 bis 4000 Livres kostete, hat sich nicht zu erkennen geben wollen, und dadurch seine That noch veredelt.

Der edelmüthige Räuber.

Auch unter den Straßenräubern, besonders in England, findet man bisweilen edelmüthige Handlungen. In dieser Insel treiben Leute dieser Art ihr Handwerk edelmüthiger, als in irgend einem andern Lande. Da sie gemeiniglich durch einen unglücklichen Zufall, durch Liebe zum Spiel oder zum Vergnügen veranlaßt werden, ein so niedriges Gewerbe zu treiben; so ist es ihnen nur darum zu thun, diese Bedürfnisse auf eine freylich immer sehr strafbare Art zu befriedigen; ohne jedoch allen Regungen der Menschheit zu entsagen.

Eine

Eine englische Dame vom ersten Range kam von der vorigen Königin sehr geputzt zurück. Ihre Sänfte wurde von einem Räuber angehalten. Sie gab ihm ihren Geldbeutel nebst einigen Edelsteinen. Sie haben ein schönes Halsgeschmeide, Mylady, sagte dieser Mensch zu ihr. Ein Kleinod bewundern, heißt in der Räubersprache so viel als es fordern. Die Dame verstand auch vollkommen, was es zu bedeuten hatte. Sie band ihr Halsband los und überreichte es dem Räuber. Allein sie konnte dieses doch nicht thun, ohne einige Thränen zu vergießen, die dem Spitzbuben nicht entgingen. Sie weinen, Mylady, sprach er; allem Ansehen nach ist Ihnen dieß Kleinod sehr werth. — Es ist wahr, versetzte die Dame; ich habe dieses Halsband von einer Freundinn, die ich ausnehmend liebte. — Man soll mir nicht nachsagen, daß ich eine Dame zum Weinen gebracht habe, fing der wohlgesittete Räuber wieder an, indem er ihr das Halsgeschmeide wieder zurück gab. Meine Handthierung hat mich nicht ver-

lei-

leitet, der Menschenliebe zu entsagen; und
blos die Noth zwingt mich, meine Bedürfnisse von dem Ueberflusse reicher Personen zu stillen. Mit diesen Worten grüßte
er die Dame zum Abschiede, und diese rief
ihm sowohl vor Freuden als vor Verwunderung nach: ich schenke Ihnen alles, was
Sie mir genommen haben; und wo Sie
jemahls in Verhaft kommen sollten, ver-
spreche ich Ihnen meinen Beystand. Der
Räuber war schon wieder ziemlich weit
entfernt; gleichwohl mußte er diese letzten
Worte noch gehört haben. Denn als er
zwey Jahre nachher ergriffen wurde, nahm
er seine Zuflucht zu dieser Dame, die ihm
ihren Schutz versprochen hatte, und ihr
Wort auch hielt, indem sie ihm durch die
Königin Gnade auswirkte. Sie schränkte
aber ihre Erkenntlichkeit hierauf nicht
ein; sondern sie ließ ihn zu sich kommen, und gab ihm so viel, daß er als ein
ehrlicher Mann leben konnte. Er begab
sich hierauf in die Grafschaft Sussex, wo

er sich durch seine gute Aufführung die Hochachtung und Freundschaft aller seiner Nachbarn erwarb.

Die

Die Räuberschenke,

oder

auch unter Räubern kann der Mensch noch Gutes stiften, wenn er nur will.

Die Rechte des Eigenthums müssen jedem guten Menschen ehrwürdig und heilig seyn. Wer sie gewaltsam verletzet: der macht sich des Verbrechens der beleidigten Menschheit schuldig, und zwingt sie, ihn als ihren Feind zu betrachten und zu behandeln. Schande und Strafe wird also immer das verdiente Loos desjenigen seyn und bleiben, der sich dem verruchten Geschäfte der Räuberey freywillig, oder aus Faulheit, Bequemlichkeit und Lasterliebe ergibt. Nur in gewissen Fällen und in Rücksicht auf einzelne Personen muß das Urtheil des Sittenlehrers einigermaßen gemildert werden, wenn diese nemlich durch die äusserste Noth oder durch

Gewalt gezwungen wurden, eine so schlimme Parthie zu ergreifen, für welche ihre Neigung so wenig spricht, als der aufgeklärte Verstand. Solche Personen, die bey einer wahren Tugendliebe ohne ihre freye Entschließung das Unglück hatten, die Genossen einer verabscheuungswürdigen Gesellschaft werden zu müssen, werden auch da Gelegenheit finden, durch möglichste Verhinderung des Bösen sich verdient zu machen. Wenn es nicht möglich ist, alles Räubergesindel ganz auszurotten: so wäre es wenigstens zu wünschen, daß der Anführer einer solchen Bande ein solcher seyn möchte, wie derjenige, welchen uns die folgende Erzählung aufstellen wird.

Vor einigen Jahren reiste der Graf v. L—l, ein Mann von Muth, Geist und Vermögen, durch einen Strich des Spessart Waldes. Er traf eben auf den dichtesten unbesuchtesten Theil dieser ohnedieß ziemlich einsamen Gegend. Ein einziger Bedienter war sein Begleiter; die Jahrszeit schon ziemlich rauh, der Tag trüb und kurz. Der Graf

Graf so wohl als sein Reitknecht kommen
zum erstenmal in ihrem Leben in dieß Land.
Nichts ist daher natürlicher, als daß sie,
da es dunkel zu werden anfing, vom rechten Wege ab, und immer tiefer in den Wald
hinein kamen, so gern sie auch längst wieder heraus gewesen wären.

Endlich sahen sie ganz von weitem ein
blasses Licht. Der Graf hielt es für ein
Kennzeichen menschlicher Gegenwart, der
Reitknecht für ein Gespenst. Jener hoffte
bald an einem Bauernhause absteigen zu
können; dieser besorgte alle Augenblicke in
einem Sumpfe zu versinken. Dieser erschrack; jener freute sich. Der Reitknecht
schlug ein Nachtlager unter dem nächsten
Baume vor, der Graf spottete seiner, und
lenkte sein Pferd gerade auf das bemerkte
Licht. Als sie demselben näher kamen, hatte, wie gewöhnlich, der Beherztere Recht;
denn der Ort, woher es ihnen entgegen
geleuchtet hatte, war ein Wirthshaus. Man
that ihnen beym ersten Anklopfen willig auf
versprach zu einem Nachtlager alle mögliche

Be-

Bequemlichkeit, und wieß dem Grafen eine Stube an, die für eine Waldschenke ziemlich sauber war.

Doch die Zufriedenheit des Cavaliers hielt nicht lange an. Denn indem er unter Erwartung seiner Mahlzeit in dem Zimmer auf und ab ging, trat sein Diener hinein; im Blicke, im sträubenden Haar, im Zittern der Arme und Füße, kurz in seinem ganzen Betragen des leibhaftigen Schreckens Ebenbild.

Kann uns jemand zuhören, gnädiger Herr?

Das ich nicht wüßte; aber was fehlt dir?

„Ach wir sind Kinder des Todes, gnädi„ger Herr, leibhafte Kinder des To„des!„

Wie alle Menschen; das glaube ich wohl.

„O, nein! nein! Jetzt schon — diese „Nacht — wir sind in eine Mördergru„be gefallen.„

Fabelst du? (fragte der Graf, indem er doch stracks aus löblicher Vorsicht nach einer Pistole griff, die bis jetzt nachläßig hin-

hingeworfen, auf dem Tische gelegen hatte. Was fällt dir wieder ein? Vielleicht auch ein Geschichten, wie unterwegs!

„Wollte der Himmel! Aber ich sage nur,
„was meine Augen gesehen haben.„

Deine Augen? So erzähle, rasch hinter einander, ohne Unterbrechung und Mährchen.

„Man hatte mir allzuwenig Heu für
„unsere Pferde gegeben. Ich suchte daher
„nach mehr in allen Winkeln, fand noch
„einen Stall, und sahe da einige Heuge-
„bunde liegen. Gefunden! dachte ich, und
„langte zu. Doch indem ich sie wegneh-
„men wollte, ward ich hinter ihnen einer
„nur angelegten Thüre gewahr. Wo muß
„denn die hingehen? Und warum ist sie so
„versteckt? dachte ich; guckte erst, und
„kroch endlich ganz hinein. Guter Gott!
„wie eiskalt lief es mir bald über den
„Leib, und was sah' ich da!„

Nun?

„Eine Menge Gewehre, Hirschfänger,
„Pistolen und Flinten; ganze große Hau-
„fen

„sen von Kleidern, und fast an allen
„Blut!

Die Miene unsers Grafen ward hier auch ein wenig stutzig. Blut! wiederhohlte er bey sich selbst, ging ein paar mal überlegend in dem Stübchen auf und ab; fragte nochmals seinen Reitknecht: ob er auch recht gesehen habe? und befahl ihm dann, so schnell und doch so leise als möglich die Pferde wieder aus dem Stall zu ziehen.

„Ey ja, gnädiger Herr, war die Ant„wort, aus dem Stalle ging es wohl; nur
„aus dem Hofe nicht! Das Thor ist ver„schlossen. Zu sehen, ob da der Zimmer„mann das Loch offen gelassen habe, war
„auch mein erster Gedanke.„

Vortreflich! Und mich im Stiche zu lassen, dein zweyter. Wohlan, wenn es denn nicht anders seyn kann: so muß man sich vorsehen wie ein gescheidter, und sich wehren wie ein braver Mann. Triff du nach Belieben deine Maaßregeln; ich will die meinigen schon auch zu treffen suchen.

Der Reitknecht mußte nun wieder in den Stall, so ungern er auch daran ging.

Der

Der Graf schob seinen Stuhl in den Winkel, der Thür schief gegen über. Ein quer davor gestellter Tisch verhinderte, daß man ihm vornher nicht sogleich nahe kommen konnte; von hinten deckt ihn die Mauer. Zwey scharf geladene Pistolen legte er vor sich, neben sich einen entblößten Hirschfänger.

Man brachte ihm bald darauf sein Abendessen. Dem Grafen war die Begierde darnach vergangen. Man schien sich über die Stellung des Tisches und die Lage des Gewehrs auf demselben zu wundern. Der Graf antwortete ganz kalt: daß dieß in Wirthshäusern seine Art so sey. Man sagte ihm, daß sein Nachtlager daneben bereitet worden wäre; und er erwiderte: daß er sich nicht niederzulegen gedenke. Endlich ließ man ihn allein.

Aber er blieb es nicht lange. Die Stubenthür ging plötzlich auf, und sechs bis sieben Männer traten herein; sämmtlich wie Jäger gekleidet, mit Flinten über ihren Rücken, mit tüchtigen Pallaschen an ihrer Seite; Kerle von fürchterlichem Blick und baumlangen Wuchse. Der Graf griff nach seiner Pistole; aber sie grüßten ihn noch ziemlich höflich, und ließen sich in dem andern Ecke des Zimmers nieder, wo sie bald zu zechen und zu singen ꝛc. begannen. Nur derjenige, der zuerst hinein getreten war, und auch an Kleidung und an Betragen der Erste unter ihnen zu seyn schien, setzte sich nicht, sondern hielt seinen Spaziergang auf und ab, wobey er dem Grafen oft ziemlich nahe kam, und ihm starr ins Auge sahe.

Die Lage des Letztern war jetzt freylich nicht die angenehmste. Alle Augenblicke versahe er sich eines Angriffs, und konnte kaum begreifen, warum man noch so lange verzöge. Doch verließ ihn die Gegenwart des Geistes nicht. Ja, als jener Anführer immer dichter an seinem Tische vorbeystrich, und einst sich ganz über diesen hinbeugen zu wollen schien: erklärte ihm L—l dreist heraus, daß er sich allzugrosse Nähe verbitten müsse.

„Und warum das?„

L. Weil

L. Weil mir allerdings hier verschiedenes anders, als es soll, zu seyn scheint. Deswegen brenne ich auf jeden, der sich mir allzusehr naht, meine Pistole los.

„Würde das hier viel helfen? Haben
„meine Leute etwa kein Schießge-
„wehr? Und was kann einer gegen
„so viele?„

L. Wenigstens sein Leben theuer verkaufen.

„Halten Sie uns denn für Mörder
„oder Strassenräuber?

L. Das sey jetzt nicht die Frage! Gedanken sind zollfrey auf beyden Seiten. Genug dieß zu meiner Erklärung. Auf den meine Pistole, der Miene gegen mich macht!

Der Fremde lächelte, fuhr fort in seinem Gange, und beugte sich bald wieder über die Tafel.

„Bey meiner Seele, Herr, ich halte Wort! wiederholte L—l, und spielte an dem Hahne seiner Pistole.

Und ist es möglich, lachte jener plötzlich mit veränderter Stimme auf, möglich,

G 4 daß

daß du mich nicht mehr kennst? Wenigstens freut mich die Probe, daß dir das Herz am rechten Orte sitzt!

Das Erstaunen unsers Reisenden bey dieser Anrede war unbeschreiblich. Er sahe nun dem Abenteurer genauer in das Gesicht, und erkannte in ihm einen seiner besten akademischen Freunde, der als Hauptmann bey einem Freycorps in dem letzten Bairischen Erbfolgekrieg gestanden hatte; ein Mann von bewährtem Muthe und tadelfreyem Rufe, der mit Endigung jenes Kriegs, man wußte nicht, wohin, verschwunden war.

Um Gottes Willen! schrie L—l laut auf, wie finde ich dich in dieser Gestalt? Wie konntest du – – Scheue vor den übrigen Zeugen, die sich um den Tisch stellten, erstickte der Ueberrest der Rede; ein Ueberrest, welchen zu errathen dem Hauptmann nicht schwer fiel. Er lud den Grafen ein, mit ihm auf ein besonderes Zimmer zu gehen, das für ihn ganz allein der Wirth, in dem verstecktesten Winkel des Hauses aufbewahre. Treppe auf und Treppe wieder
ging

ging jetzt ihr Marsch. Endlich sahen sie sich in dem versprochenen Zimmer, und der Räuberhauptmann bot dem Grafen traulich Hand und Kuß. Gib nun, rief er, deine Verwunderung, mich so wieder zu finden, ganz nach deiner Willkühr zu erkennen. Du bist sicher, weder gehört noch beleidigt zu werden. Unter welch einer Gattung von Menschen du dich befindest, und wer deren Anführer ist, das ergibt freylich der Augenschein. Aber ich bin noch der Alte; darauf verlaß dich! Und daß sie, die allerdings gegen manche andere Gesetze und Ehrlichkeit verletzen, mit mir besser als die sogenannte ehrliche Klasse von Menschen umgegangen sind, und noch umgehen, das ist gleich gewiß.

„So brenne ich vor Ungeduld, deine „Geschichte, und die Veranlassung deines „gegenwärtigen Lebens zu hören."

O, jene ist kurz, und diese zwar nicht die freywilligste, doch natürlich genug. Du weißt es, was für eine Stelle ich im letzten Kriege bekleidete; und daß ich mich brav zu halten pflegte, weißt du hoffentlich auch. Nur eines konnte ich nicht, den Höfling mit dem Soldaten verbinden. Daher liebte mich mein Oberster nie; ob er mich schon überall hinsandte, wo Muth und Kopf vonnöthen war. Der Friede kam; unser Freycorps ward eingezogen. Schon die Verfügung, die man in Ansehung der Gemeinen traf, indem man sie zwang, in einem ganz fremden Lande Kolonisten zu werden, war hart; doch nothwendig genug. Die Maaßregeln, die man gegen uns Offiziere beobachtete, schienen billiger, und waren gerade das Gegentheil. Man versprach uns Dienste, hielt dieß Versprechen wenigen; hielt es selbst diesen Wenigen, Gott weiß, wie? Höre, wie es mir nun ging. Mein Oberster, der meiner nicht mehr bedurfte, besann sich jetzt erst recht darauf, daß er mir feind sey. Vermögen hatte ich nie gehabt, noch weniger erplündert. Schmeicheln, um Beförderung betteln, das konnte ich nicht. Ich wartete eine Weile; bald vermochte ich auch das nicht mehr;

denn

denn der Freunde, deren Geldvorschuß mich
unterstützte, hatte ich kaum ein Paar. Auch
sie waren nicht reich, und schienen daher
im Verfolge davon beschwert zu werden.
Das merkte ich, und konnte es meiner selbst
wegen nicht länger tragen. Jetzt hielt ich
bey allem, was nur Kriegsminister, Gene-
ral, Kriegsrath und dergleichen hieß, meinen Umgang. Zweymal vertröstete man
mich; das dritte mal ließ man sich verläugnen. Graf, welchen Buben von Kammer-
dienern habe ich dann oft ein gutes Wort,
wie manchem elenden Schuhputzer meinen
letzten halben Gulden gegeben. Beydes
fruchtlos! Da war an keine Aussicht unter Jahresfrist zu denken; und meine Be-
soldung — — still davon! Bey solchen Umständen war mein Entschluß — Entschluß
der Verzweiflung. Frankreich nahm damals
wie du weißt, Theil an den Unruhen der
englischen Kolonien. Meine Absicht war,
nach Strasburg zu gehen, und dort Dienste zu suchen. Gelingt mir auch dieß nicht,
dachte ich: so will ich sehen, ob die neue
Welt besser gegen mich gesinnt ist, als die
alte.

alte. Auch sie hat des Kriegs ja wohl genug, und der Wildnisse nur mehr als zu viel; in jenem will ich mein Heil versuchen; in diesen, wenn das letzte Ankertau zerreißt, mein Leben beschließen. Ich verkaufte, was ich besaß, bezahlte was ich vermochte, verschwieg meinen Plan und verschwand. Die Dürftigkeit meiner Börse zwang mich zur Fußreise. Ich kam bis an den Spessartwald hieher; es gieng mir, wie es dir vermuthlich auch gegangen seyn mag; ich verirrte mich. Plötzlich sprangen fünf rüstige Kerle hinter einem Gesträuche hervor, und zwey von ihnen setzten mir die Pistole auf die Brust, indem sie mit dem drohendsten Tone meinen Beutel forderten. Ich griff gelassen darnach; aber im Nu schlug ich das eine Terzrol aus der Hand des Räubers, entwand seinem Nachbar das zweyte; und drückte es los. Der, welcher mich zuerst angegriffen hatte, stürzte. Ich zog meinen Hirschfänger, und vertheidigte mich gegen die übrigen. Zwar waren deren nach vier übrig; aber vermuthlich hätte ich mich doch noch eine Weile gehalten; wenn nur nicht
auf

auf den Pfiff des einen Räubers noch drey
herbey geeilt wären. Jetzt wäre längeres
Widerstreben Unsinn gewesen. Als sie mir
daher nochmals zuriefen, daß ich mich ergeben sollte, war ich bereit dazu. Sie versprachen, mir das Leben zu lassen. Ich
wandte meine Taschen um; was herausfiel,
war kaum der Rede werth.

Ha, das verlohnte sich wohl, brach einer von meinen Plünderern aus, daß wir
uns so viel Mühe gaben, und unser Anführer schwer verwundet ward. Bey meiner
Seele, du hättest verdient, daß wir an deinem Kopfe unsere Hirschfänger probirten!
Er schien Miene zur wirklichen Probe zu
machen, und ich hielt Stand. Auf euer
Wort, sagte ich, habe ich mein Gewehr
gestreckt; gebt mir dasselbige zurück, und
es gehe dann mit mir, wie es dem Glücke
gefällt. Was euch wenig dünkt, ist nicht
weniger als meine ganze Baarschaft; und
doch habe ich sonst wohl ein hundert solcher
Leute, wie ihr seyd, angeführt. Das Ent-
schlossene meines Tons, und das Zwepdeu-
tige

tige meiner Rede that Wirkung auf sie. Sie sprachen ein Rothwelsch unter sich, das ich nicht verstand, und sahen nach dem Verwundeten, der mit dem Tode zu ringen schien. Es ist unerhörte Gnade von uns, fing der eine wieder an, wenn wir dir das Leben lassen; aber sage uns an, wer du bist? Ich sahe keine Ursache, es ihnen zu verhehlen, und erzählte ihnen ohngefähr eben dasselbe, was ich dir jetzt erzählt habe. Ihr Rothwelsch begann abermals, und dauerte wieder einige Minuten hindurch.

Du selbst siehst, redete endlich der Drohendste von ihnen mich an, was du gethan, und was du zu fürchten hast. Bloß eine gewisse Achtung für deinen Muth bewog uns, dir Pardon anzubieten; nun mußt du ihn dir aber auch verdienen. Deiner Erzählung nach hast du nicht viel zu verlieren; sieh hier eine Gelegenheit, viel zu gewinnen. Wir haben tapfere Leute gern; willst du unser Mitglied seyn, oder − − − sie schwenkten hier drohend ihre Hirschfänger. Entschlossen erwiderte ich: nein!

„Auch

"Auch nicht unser Hauptmann? Sieh, wir sind unser, wenn wir alle hier wären, nahe an vierzig. Einträglich sind unsere Posten und unsere Vorrathskammern voll. Freybeuter hast du sonst im Kriege geführt, wir sind es auch, sind sicher noch braver als sie, und haben auch Krieg. Freylich mit der ganzen Welt; aber was thut das! Eben dieser Welt bist du ja wenig oder nichts schuldig. Entschließe dich also schnell, oder ؛؛؛

Ich war im Begriffe, mein voriges Nein noch einmahl herauszustoßen; aber ich läugne es nicht; der Anblick ihrer Gewehre ward mir allmählich wichtiger, je näher er mir kam. Verachtung des Lebens findet gemeiniglich nur in gewissen ersten Augenblicken des Enthusiasmus Statt; und Haß gegen ein undankbares Menschengeschlecht kann, wo er sich nur einmal eingenistet hat, auch leicht durch eine Räuberberedtsamkeit noch vergrößert werden. Kurz nach einigen Bedingungen, die ich noch machte, und die sie mir gewährten, gab ich

der

der Nothwendigkeit nach, schlug ein, und wurde ihr Hauptman; bin es jetzt noch, wie du siehst. Was du von dem allen denkst, was du vielleicht an meiner Stelle gethan haben würdest: das, lieber Graf, sage mir nun eben so aufrichtig, als ich jetzt alles mich betreffende dir erzählt habe.

An deiner Stelle gethan? erwiderte L—l. Wahrscheinlich ganz eben dasselbe! Wie sehr mich dein Schicksal rührt, das wird dir bey verschiedenen Stellen deiner Erzählung meine Miene gesagt haben. Du bleibst mein Freund, ich finde dich, wo es sey. Auch da ich einmal in Räuberhände fallen sollte, muß es mich in Rücksicht auf mich freuen, daß du deren Hauptmann bist. Nur dein Plan für die Folge; ich beschwöre dich, worin besteht dieser?

„Was du ziemlich leicht errathen könntest.„

Doch nicht bey dieser Lebensart zu bleiben?

„Wenigstens noch so lange, bis ich „nicht nur unverhindert von meinen Spieß-
„ges

„gesellen, sondern auch mit ziemlich voller
„Börse, entfliehen kann. Aber bedenkst du,
„welch ein Loos dir bevorsteht, wenn man
„euch entdeckt, überfällt, übermannt?

„Ein hartes allerdings; aber doch viel-
„leicht, wenigstens dem natürlichen Rech-
„te nach, nicht der Tod. Jener Zwang
„entschuldigt viel; und mehr noch entschul-
„digt mich, vor meinem Gewissen wenig-
„stens, ein anderer Umstand.„

Der wäre?

Sieh', so sonderbar ist das Schicksal
des Menschen, daß er unter Räubern selbst
noch Gutes thun kann, wenn er nur will.
Diese Elenden, denen nichts heilig zu seyn
pflegt, halten doch heilig unter sich selbst ihr
Wort. Blinden Gehorsam schwuren sie mir,
und derjenige Fürst, der nur zehntausend
dergleichen getreue Unterthanen hätte, wäre
beynahe allmächtig. Mit Menschenblut fand
ich, als ich zu ihnen kam, fast aller Hände
besudelt. Abzuwaschen diese greuliche Schuld,
das vermocht ich freylich nicht; doch zu ver-

H   binhindern, daß diese Schuld sich nicht von neuem mehre, dieß ist mir zeither gelungen, und soll auch ferner mein Bestreben seyn. Schon bin ich der Retter von wenigstens zwanzig Menschenleben gewesen; schon hat sie mein Beyspiel von mancher Barbarey abgehalten; und dieses Wirthshaus, sonst beynahe jede Woche die Grabstätte eines Unglücklichen, ist nun schon seit sechs Monaten nur unser Theilungsort, und unser friedlicher Schlupfwinkel geworden.

Der Graf lobte dieß; aber er fuhr fort, seinen ehemaligen Freund zu bitten, ein so gefahrvolles Leben so bald als möglich zu verlassen. Er trug ihm selbst seine Börse zum Geschenke an, und nahm erst dann sein Anerbieten zurück, als er sahe, daß die beleidigt scheinende Miene desselben Ernst sey.

Ihre Gespräche dauerten bis tief in die Nacht. So weich das Lager war, so wenig schlief L--l; denn seine Seele war zu gedankenvoll. Er wollte gleich früh wieder

ab-

abreisen; der Hauptmann aber gab es erst gegen Abend zu, und führte ihn, ehe er aufbrach, noch einmahl unter seine Leute.

Wir sind mit dir umgegangen Graf, sprach er, wie mit einem vertrauten Freunde. Nun gib uns dein Ehrenwort, daß du nie von dieser Geschichte reden, nie eine Spur von unsrer Bande, nie eine Beschreibung von dem Innern und Aeußern dieses Wirthshauses, nie irgend etwas, das Nachsuchung und Verdacht erwecken könnte vor Gericht oder außer Gericht kund machen wollest, bis ich selbst dir dazu Erlaubniß gebe.

Der Graf gab gern dieß Ehrenwort. Ein schrecklicher Eid band die Zunge des Reitknechts, für den sich noch überdieß sein Herr verbürgte. Ein freywilliges Geschenk belohnte die Bescheidenheit der gemeinen Räuber. Zwey von ihnen geleiteten, als die Sonne untergegangen war, den Fremdling bis auf die Landstraße, wo der Weg, ohne daß man irren konnte, zum nächsten Städtchen hinging; und dann entfernten sie sich plötzlich.

L—l hielt sein Wort. Aber nach sechs bis sieben Monaten meldete ihm sein Freund durch einen Brief: daß ihre Bande nun zerstreut, er selbst mit dreyen seiner vertrautesten Leute entkommen, und jetzt als Hauptmann in spanischen Diensten sey. Es war dieß kurz vor dem Zeitpunkt jener berühmten schwimmenden Batterien, und es ist ungewiß, ob nicht unser Abenteurer auf einer von diesen seinen Tod gefunden hat; denn sein erster Brief ist auch sein letzter geblieben.

Wie

Wie man sich irren kann,

eine wahre Anecdote.

Eine englische, nach gewöhnlicher Art mit Menschen vollgestopfte Landkutsche war auf dem Wege nach York begriffen. Man sprach viel von Straßenräubern, und von der besten Art, sein Geld vor ihnen zu bewahren. Jedes pries sich, im Besitze einiger Vortheile zu seyn, die man aber nicht von sich gab. Ein junges, rasches achtzehnjähriges Mädchen war unter allen am kecksten und offenherzigsten.

Ich trage, sagte sie, mein ganzes Vermögen, einen Bankzettel von zweyhundert Pfunden bey mir, und der ist auch gewiß geborgen. Ich habe ihn in meine Schuhe zwischen Strumpf und Fuß versteckt, und der

Räuber müßte mit dem Teufel selbst im Bunde stehen, der da ihn suchte.

Sie hatte dieß kaum ausgesagt, als sich wirklich Strassenräuber einfanden, und den erschrockenen Reisenden ihre Börsen abforderten. Sie erhielten dieselben; aber ihr Inhalt war so äußerst dürftig, daß die Räuber damit nicht zufrieden seyn wollten, und die ganze Gesellschaft mit einer strengen Durchsuchung aller ihrer Habseligkeiten bedrohten, wenn sie nicht sogleich eine Summe von wenigstens hundert Pfunden herbey schafften.

Die könnt ihr, erhob ein alter Mann tief in dem Hintergrunde der Kutsche leicht und doppelt oben drein finden, wenn ihr nur die Miß da Schuh und Strümpfe ausziehen laßt. Der Rath wurde befolgt. Das arme Mädchen erhielt für ihr niedliches Füßchen ein paar halbipöttische Complimente, die sie nur allzutheuer mit ihrem Bankzettel bezahlen mußte. Man dankte für Fund und Rath, wünschte glückliche Reise, und trollte sich seiner Wege.

Kaum

Kaum waren die Räuber aus dem Gesichte, als die Bestürzung der Reisenden sich in Wuth verwandelte. Worte reichen nicht hin, die Bestürzung des armen Mädchens zu beschreiben, und den Zorn, mit dem die ganze Gesellschaft gegen den alten Verräther loszog. — „Bösewicht! Diebshehler, Räubergenosse!„ erscholl es von allen Seiten her. Man drohte ihm mit Schlägen, Herauswerfen, gerichtlicher Belangung, kurz mit allem, womit man ihm nur drohen konnte. Aber er blieb ganz gelassen, entschuldigte sich ein einziges mal damit: daß man sich selbst der Nächste sey; und als die Kutsche an dem Orte ihrer Bestimmung hielt, verschwand er unvermuthet, ehe man noch etwas gegen ihn vornehmen konnte. Das arme unglückliche Mädchen! Wie schlaflos war ihre Nacht! Aber wie unbeschreiblich war auch ihr Erstaunen, als sie des andern Morgens noch sehr zeitig folgenden Brief erhielt.

Hier, liebe Miß, sendet Ihnen der Mann, den Sie gestern als Ihren Verräther so sehr verabscheuten und verabscheuen mußten, das für ihn ausgelegte Kapital zurück, nebst eben so viel Zinsen, und einer Haarnadel von wenigstens gleichem Werthe. Alles dieß wird hoffentlich hinreichen, Ihren Kummer wenigstens in etwas zu zerstreuen, und dann werden Ihnen wenige Worte mein Betragen entziffern. Ich bin ein Mann, der nach einem zehnjährigen Aufenthalte in Indien heimkehrt. Wechselbriefe auf dreyßigtausend Pfund waren gestern in meiner Tasche, und wären dahin gewesen, wenn es die Knauserey meiner Gefährten zu einer Durchsuchung von den Räubern hätte kommen lassen. Unmöglich konnte ich wünschen, wieder zurück nach Indien, zumal mit leeren Händen, gehn zu müssen. Verzeihen Sie daher, wenn ich Ihre Offenherzigkeit nützte, und lieber eine mäßige Summe, ob sie gleich nicht mein war, aufopfern, als alles das Meinige verlieren wollte. Ich bin Ihnen dafür, dieß heutige kleine Geschenk ungerechnet, zu jeder Zuflucht bereit.

Maan

Maan und der Soldat,
eine arabische Anecdote.

Maan, des Zaidah Sohn, galt für den freygebigsten Araber im ganzen Morgenlande. Wenn ein schmeichlerischer Dichter seinen Fürsten aufs höchste loben wollte, so sagte er, daß er den Maan an Großmuth erreiche; daß er ihn übertreffe, wagte selbst der Schmeichler nicht zu sagen.

Maan war einer der vornehmsten Diener Mervans, des letzten Kaisen aus dem Stamme der Ommiaden. Als Mervan todt war, und sein Reich an die Abbasiden kam, ward ein Preis auf Maans Kopf gesetzt, und er verbarg sich daher sorgfältig eine geraume Zeit in einem der versteckten Winkel von Bagdad. Doch die Entfernung von allem

allem menschlichen Umgange wurde dem
Menschenfreunde in der Länge unerträglich.
Er beschloß, und sollte es sein Leben kosten,
die Stadt verkleidet zu verlassen, und ir-
gendwo eine ländliche Zuflucht zu suchen. Er
machte sich so unkenntlich als er nur konnte,
und hatte bereits auf einem Kameele Thor
und Feldwachen hintergangen, wandte sich
nun auf den Seitenweg eines Waldes zu,
und glaubte die größte Gefahr glücklich über-
standen zu haben, als schnell hinter einem
Baume ein Mann hervortrat, dessen Ha-
stigkeit sowohl als seine Miene nicht viel
Gutes zu verkündigen schien. Er fiel dem
Flüchtlinge in den Zügel und fragte ihn
ganz kurz:

Ob er nicht derjenige sey, den der Ka-
life mit so vielem Eifer suchen ließ, und
dessen Kopf dem Ueberbringer eine so schöne
Summe Goldes eintragen sollte?

Man kann sich leicht vorstellen, daß diese Frage nicht bejaht wurde; doch jener
Häscher war seiner Sache gewiß. — Du
wärst nicht Maan, fuhr er fort, unter welchem

chem ich selbst mehrmals stritt? Lehr' mich die Narbe an der Stirne und das Mahl an dem Backen nicht kennen! Deine gefärbten Augenbraunen täuschen mich nicht; oder komm einmal, und laß sehen, ob sie Wasser aushalten.

Maan sahe nur allzudeutlich, daß er entdeckt sey, und besorgte, durch längeres Läugnen einen schlimmen Handel nur noch schlimmer zu machen. — „Nun ja, antwortete er, ich bin Maan, der es dir nicht verargen kann, wenn du durch ihn deinen Vortheil zu erhalten suchst. Doch da er wenigstens nie etwas that, was deinen Haß verdiente: so nimm diesen Ring; er wird dem Preis des Califen einigermaßen gleich kommen, und du kannst einen Erwerb haben, ohne deine Hände mit meinem schuldlosen Blute zu beflecken.

Der Soldat betrachtete den Ring genau. Kein übler Vorschlag, sagte er; nur habe ich noch eine Frage an dich zu thun, und ich bitte dich, sage mir die Wahrheit. Du giltst für einen äusserst freygebigen Mann,

hast

haſt du wohl jemals dein ganzes Vermögen weggeſchenkt?

„Nein.„

Oder die Hälfte?

„Nein.„

Das Drittheil?

„Auch das nicht.„

Ein Viertheil wenigſtens?

„Ich kann nicht lügen; eben ſo wenig.„

Den fünften — ſechſten, ſiebenten, achten Theil? — Du fährſt immer noch fort, zu ſchütteln? — Nun den neunten, zehnten Theil?

„Dieſen vielleicht.„

Wohlan ſo wiſſe denn, freygebiger Mann, daß es Perſonen gibt, die dieſe Eigenſchaft in noch höherem Grade als du beſitzen. Ich ein bloßer gemeiner Soldat, ich der ich monathlich mit zwey Thalern beſoldet werde, ich gebe dir dieſen Ring zurück, der weit über tauſend Thaler werth ſeyn mag. Behalte ihn und deinen Kopf, und lebe wohl!

Hier

Hier wollte der Soldat sich entfernen; aber Maan, welcher seine Gefahr und seine gegenwärtige Lage vergaß, schrie ihm nach so laut er konnte:

Halt ein! Bleib noch auf einige Augenblicke da! Verlaß mich nicht in einer Verwirrung, die weit größer als diejenige ist, worein mich deine Begrüßung setzte. Lieber wollte ich mich tausendmal ergriffen, verurtheilt, zum Tode geschleift erblicken, als dein Schuldner bleiben.

Mein Schuldner? sprach der Soldat und hielt ein; — scheine ich dir denn sogar verdächtlich zu seyn?

Vielmehr, erwiederte Maan, finde ich in dir eine der edelsten Seelen; eine Größe, die mich schamroth macht, die mich niederschlägt, wie alles, was mir unerreichbar scheint.

Maan war während dieser letzten Reden von seinem Kameele abgestiegen, fiel dem Araber zu wiederholten malen um den Hals, und steckte ihm selbst den Ring an den Finger; jener zog ihn aber ab.

Wenn

Wenn du, sagte er zu Maan, in meinem Betragen wirklich etwas findest, das Beyfall verdient: warum willst du mich zum Straſſenräuber erniedrigen? Ich ſchwöre dir beym heiligen Propheten, daß ich dieſes Geſchenk nie von dir annehmen werde; denn ich dürfte Zeit meines ganzen Lebens nie in den Stand kommen, dir es wieder zu vergelten. Mache aber daß du fortkommſt; denn es ſind meiner Kammeraden mehrere in der Nähe.

Der Soldat entfernte ſich jetzt zum zweyten male; that es ſo ernſtlich, ſchlug ſich ſo ſchnell in das dickſte Gebüſch, daß Maan wohl die Unmöglichkeit, ſeiner wieder habhaft zu werden einſahe, und froh und traurig zugleich, voll Ehrfurcht und voll Schaam, ſeinen Weg fortſetzte.

Einige Zeit darauf fand er Gelegenheit, ſeinem Feinde, dem Kalifen Almanſar, einen wichtigen Dienſt zu leiſten, und kam eben dadurch wieder in Gnade bey ihm. Sein erſtes Geſpräch mit dem Monarchen war die Erzählung dieſer Begebenheit; ſein erstes Geschäft eine Nachsuchung seines Wohlthäters. Doch seine Mühe, und selbst der Ausruf, den der Kalif thun ließ, waren vergebens. Dem edlen Manne genügte das Bewußtseyn seiner That.

Großmüthige Ehrlichkeit.

In der Grafschaft Rochester in England starb ein sehr reicher Geistlicher, der eine sehr einträgliche Pfarre gehabt hatte. Sogleich meldete sich eine Menge von Competenten bey dem Minister um dieselbe. Sie versuchten jede Art von Bestechung, Schmeicheleyen und Empfehlungsschreiben bey dem Herrn. Geld und Niederträchtigkeiten bey seinen Bedienten; kurz, es wurde nichts unterlassen, die reiche Beute zu erhaschen. Ein armer Vicar, der auf gewisse Weise umsonst, und wie man zu sagen pflegt, um Gottes Willen, die Dienste des Verstorbenen, der schändlich geizig war, im Kirchspiel

spiel versehen hatte, hatte nicht das Herz sich um die Pfarre zu melden; er war auch in der That so arm, daß er nicht einmal eine anständige Kleidung gehabt hatte, sich zu zeigen. Als der Hausrath des Verstorbenen verkauft wurde, erstand der Vicar um einige Schillinge einen alten großen hölzernen Kasten, den er nothwendig zu gebrauchen gedachte. Der Kasten schien ihm seiner Größe nach inwendig sehr geräumig seyn zu müssen; indessen fand er das Gegentheil, vermuthete also einen doppelten Boden. Nach vielem Besehen, Messen und Umkehren entdeckte er einen verborgenen Schieber; er öffnete ihn, und siehe da, das heimliche Kästchen enthielt 500 Guineen. Welch ein Anblick für einen Mann, der mit einer zahlreichen zärtlich geliebten Familie buchstäblich im Elende schmachtete! Dazu denke man sich die Sicherheit, mit welcher er sich diese Summe ins geheim hätte zueignen können ohne daß irgend jemand das Recht hatte, sie zurück zu fordern. In demselben Augenblick kamen seine beyden jüngsten Kinder, und baten ihn mit dem

drit-

dringenden Tone der bittenden Unschuld
um ein Frühstück. Der Vicar umarmte sie,
seufzte betrübt, hob die Augen zum Himmel; nahm dann hurtig die Rolle mit den
Guineen, lief in das Pfarrhaus, übergab
sie den Erben des verstorbenen Pfarrers,
und erzählte ihnen den Vorfall nach allen
Umständen, wie er dazu gekommen wäre.
Diese begnügten sich blos mit einem kalten
Lobe seines Verfahrens, ob sie schon seine
bittere Armuth kannten; sie dankten ihm
und er ging zufrieden mit sich selbst von
ihnen.

Einer seiner Nachbarn erfuhr diesen
Zug von Ehrlichkeit, welcher den großen
Haufen, der wenig zum Nachdenken über
Pflichten geneigt und geschickt ist, in Erstaunen setzen muß. Er lief hurtig zu dem
Vicar: „Seyd ihr denn etwa nicht gescheidt,
„Freund? Wie? der Himmel zeigt euch
„ein Mittel, euch und die Eurigen aus
„aller Noth zu retten, und ihr benutzt es
„nicht? Seyd ihr nicht Gatte und Vater?„ — Ich bin ein Mensch, und kenne

J mei-

meine Pflichten. Dieß Geld aber gehört den Erben; das ist ausgemacht. Glaubt mir, ich fühle die Noth der Meinigen tief in der Seele. Aber was wäre Religion und Moralität, wenn sie nicht bey solchen Anlässen jede andere Empfindung zu überstimmen vermöchten? — „Hungerssterben, antwortete der Nachbar, ist doch aber auch zu arg! Ich bewundere eure Ehrlichkeit; aber bey meiner Seele, ich weiß nicht, ob ich das an eurer Stelle gethan hätte.„ Der Vicar setzte dem Freunde mit vieler Sanftmuth die Pflichten auseinander, die man in dergleichen Fällen auszuüben hat, und dieser ging voll Bewunderung, und überzeugt, daß man so handeln müsse, von ihm.

Der Vicar genoß also die innere Zufriedenheit, die das Bewußtseyn einer mühsamen Aufopferung nothwendig gewährt, als er eines Tages eine Bothschaft von dem Minister erhielt, sich vor ihm zu stellen. Der arme Mann erschrack; der Minister! rief er; was soll ich mit dem zu thun haben!

jen! Der Abstand zwischen ihm und My,
lord * schien ihm so unermeßlich, daß er
mit Angst daran dachte, vor demselben er,
scheinen zu müssen. Indessen gehorchte er;
Mylord * empfing ihn gerade in einer gros,
sen und glänzenden Versammlung: „Also sind
„Sie es, mein Herr, der die 500 Gui,
„neen gefunden, und statt sie zu behalten,
„sie wieder zurück gegeben hat?„ — Man
„führe den Herrn zu seiner Bestimmung.„

Der Geistliche war aus aller Fassung
gebracht, und wußte nicht, was er antwor,
ten sollte. Stillschweigend folgte er denje,
nigen, die ihn in eine Kutsche führten, und
gerade nach seinem Kirchspiel mit ihm fuh,
ren. Hunderterley Vorstellungen kreuzten
sich in seinem Kopfe. Als sie angekommen
waren, stiegen sie in der Pfarre ab. Mei,
ne Herren, dieß ist nicht meine Wohnung,
sagte er. „Ist jetzt die Ihrige, antwortete
„sein Führer. Mylord setzt Sie hier zum
„Pfarrer ein; er verlangt von ihnen nichts,
„als daß Sie ihre edeln Gesinnungen beyber
„halten mögen, und er wird sich stets eine

J 2 „Ehr

„Ehre daraus machen, Sie seinen Freund
„zu nennen; dieß sind Mylords eigene
„Worte „

Es würde vergeblich seyn, das freudi‒
ge Erstaunen des Vicars schildern zu wol‒
len. Kaum trauete er seinen Sinnen; in‒
dessen hielt er die Ausfertigung in den
Händen. Sobald er sich selbst überlassen
war, nahm er mit seiner Frau, mit seinen
Kindern und mit seinem alten Vater, den
er von seiner Armuth erhalten hatte, den
Weg nach London; er warf sich mit Thrä‒
nen dem Minister zu Füßen. „Mylord,
„gütiger Mylord, Sie sehen ihr Werk;
„uns alle haben Sie dem Elende entrissen;
„genießen Sie unsere Erkenntlichkeit!„
Der Lord hob ihn auf, und umarmte ihn
wie seinen Bruder: „Mein Freund, ich
„muß Ihnen danken; ich habe mich an
„Ihrer edeln Handlung recht erquickt, ich
„wünschte etwas Aehnliches thun zu kön‒
„nen, um Sie zu belohnen. Meine Her‒
„ren, indem er sich zu den Umstehenden
„wandte, so bittet man, und so er‒
„hält

„hält man von mir! Doch weil ich
„daran denke, mein lieber Pfarrer, die
„Erben, denen Sie das Geld zurück ge-
„ben, haben sich an mich gewendet, Sie
„zu ersuchen, es als einen kleinen Beweis
„ihrer Hochachtung anzunehmen;„ und so
eben brachte auch jemand das Geld, und
überreichte es dem neuen Pfarrer. Diesem
fehlte es an Ausdrücken, um seinen Dank
zu äußern. Die ganze Versammlung war
von diesem Auftritt äußerst gerührt, und
fühlte den Reiz und die Würde der Rechtschaffenheit.

Von dem Minister ging der Pfarrer
gerate zu den Erben, und fing schon an,
sie mit Danksagungen zu überschütten, als
sie ihm offenherzig gestanden, daß diese ihnen gar nicht zukämen, weil sie an der
Handlung keinen Theil hätten. Nun merkte er wohl, daß auch dieß eine Wohlthat
des Ministers war, der sie ihm auf eine so
delicate Art erwiesen hatte. Er wußte
seine Empfindungen nicht anders auszudrücken als durch Thränen und Dankbarkeit.

J 3   In

In seiner Pfarre bauete er eine Art von einem ländlichen Tempel, und errichtete daselbst Mylords Statue mit der Ueberschrift: Nach Gott, Mylord * *.

Eine der vorigen ähnliche Geschichte.

Vor einigen Jahren starb in Stralsund ein königlicher Rechnungsbeamter. Nach seinem Absterben fand man an seiner Stubenthüre mit Kreide verschiedene, zum Theil beträchtliche Geldsummen angezeichnet, vermuthlich war er durch den ihn übereilenden Tod verhindert worden, sie in seine Rechnungsbücher einzutragen. Darunter befand sich auch ein Posten von zweytausend Thalern, der mit einem bloßen S ** bemerkt war. Niemand konnte den wahren Namen des Empfängers mit Gewißheit bestimmen, und diese Summe ward als verlohren angesehen. Da kam ein dasiger Bürger und

Bäckermeister, Namens Schrembke, ohne gerufen zu seyn, und zeigte an, daß er der Schuldner sey, und die oben gedachte Summe richtig abtragen wolle. Für viele andere, wären die Umstände und die Lage des Bürgers eine fast unüberwindliche Versuchung gewesen, mit diesem Geständniß nicht hervor zu treten. Denn durch Abtragung jener Schuld sah er sich gezwungen, sein Gewerbe aufzugeben, und bey seinen hohen Jahren lief er Gefahr, in einem kraftlosen Greisenalter noch mit dem Mangel zu kämpfen; und dann wäre er vollkommen sicher gewesen, daß ihn kein Gericht zur Bezahlung hätte anhalten können, wenn auch die Muthmassung auf ihn gefallen wäre, weil es an hinreichenden Beweisen fehlte. Allein Schrembke scheute Mangel und Elend weniger, als ein unruhiges Gewissen, oder vielmehr das Bewußtseyn, ehrlich und brav gehandelt zu haben, war ihm weit lieber, als 2000 Rthlr. Er gab also sein Gewerbe auf, um die Schuld abtragen zu können, und lebt jetzt in seinem hohen Alter größtentheils von der Unterstützung seiner Mit-

Bürger, die seine That mit Hochachtung gegen ihn erfüllt hat. Er ist übrigens so wenig stolz auf seine Rechtschaffenheit, daß er, als der Generalstatthalter, Fürst von Hessenstein, welcher diesen bescheidenen und ehrenwerthen Alten noch jetzt zur Tafel zieht, ihm durch den Kommendanten der Stadt seinen Beyfall bekannt machen ließ, zur Antwort gab: „Deswegen verdiene ich „noch kein Lob, weil ich kein Betrüger bin."

Almozar,

oder

die treue Erfüllung des gegebenen Wortes.

Don Petro von Tambruras ritt in der berühmten Vega; so nennen die Spanier die weite und lachende Ebene, welche rings um Grenada liegt. Noch besaßen die Mauren diese schöne Gegend. Ihr thätiger Fleiß, ihr feiner Geschmack in allem, was einen angenehmen Eindruck auf die Sinne macht, hatten in diesen glücklichen Gegenden noch den Reiz der Geschenke vergrößert, welche die Natur denselben mitgetheilt hatte. Don Pedro bediente sich der Rechte des Waffenstillstandes zwischen beyden Nationen, und zog in diesem Zauberlande herum; am Eingange eines niedlichen Baumgartens blieb er stehen; ein kleiner Bach floß rings um denselben herum, und sein Wasser, klarer als Krystall, schien dem Reisenden zur Ruhe an seinem Ufer einzuladen. Auf zwey weißen marmornen Säulen, die in der Mitte des Gartens standen, las man in arabischen Versen folgende Inschriften:

Erste Inschrift:

Ein Garten der Wonne bin ich,
Der Grazien einfacher Tempel!
Liebkosend murmelt hier Zephyr
Im dichten verschwiegenen Schatten.
Sorgen und ängstliches Grämen
Flieht fern von diesem glücklichen Ort.
Klar und kühlend schlängelt der Bach
Durch Tausende duftender Blumen
Die kleinen wollüstigen Wellen.

Zweyte Inschrift:

Ihr, deren gefühlvolle Seele
Gern Stadt und Geräusche verläßt,
Kommt und genießet euer hier,
Wo unüberwindlich mein Reiz siegt.
Genießt der lieblichen Kühlung!

Sanfte

Sanftmuth lehr' ich den rohen Helden:
Nahrung findet ein zärtliches Herz
Und zufriedene Ruhe der Weise.
Genießt der lieblichen Kühlung,
Lagert euch unter meinen Schatten.
Ein Tempel der Wonne bin ich.

Dritte Inschrift:

Des Weisen sanfte Träumereyen
Ergießen frey sich wie der Bach
Fern von dem Falkenaug des Neides
Fern von des Hofes Irrwischglanz
Bleibt hier im Zufluchtsort der Freude
Der edeln, reingestimmten Seele
Nichts als der Lieb' Erinnerung.
Genieß' der Kühlung, die hier wehet,
Und Wohlgerüche um sich streut,
O Mensch, und denke, daß dein Leben
Ja auch wie dieser Bach verfließt.

Der spanische Ritter überließ sich ganz dem Reize, der ihn angezogen hatte. Er war bis in die Mitte des Wäldchens gedrungen; da findet er einen jungen Mauren, der an dem Ufer eines Baches unter einer Cy-
presse

presse saß. Seine melankolische Stellung, und ein Miniaturgemählde, das er in der Hand hielt, zeigte zur Genüge, daß sein Herz die verführerischte und tyrannischte Leidenschaft fühlte; man konnte leicht sehen, daß er liebte. Hastig steht er auf, als er Don Pedro erblickt, als ob er fürchtete, der Reisende möchte die Augen auf das Gemählde geworfen haben, welches er mit so vieler Aufmerksamkeit betrachtete; er läßt sogar seine üble Laune an dem Spanier aus. Don Pedro ein Spanier und ein Ritter, an Statt den leicht zu reizenden Jüngling zu besänftigen, antwortete ihm mit beleibigendem Stolze. Kurz beyde eilen zu ihren Pferden, die sie bey dem Garten an Bäume angebunden hatten, fassen ihre Lanzen, ergreifen ihre Schilde, und fordern einander zu einem Zweykampfe heraus. Der Maure hatte sich allem Anscheine nach eingebildet, daß er in Don Pedro einen Nebenbuhler vor sich hätte. Der Vortheil ist lange unentschieden, endlich erhält ihn der Spanier; der Jüngling fällt. Don Pedro will ihn nach seiner Ritterpflicht beyspringen;

gen; es ist vergebens. Christ, sagte der Maure, ich fühle es, daß mein letzter Augenblick da ist. Ich hatte geglaubt, du kenntest diejenige, der ich meinen letzten Seufzer weihe; ich sehe nun, daß ich mich geirret habe, und verzeihe dir meinen Tod. Ach, was wird aus meinem unglücklichen Vater werden!.. Ich war der einzige Trost, die Stütze seines Alters... und..., das himmlische Mädchen... Bey diesem Worte fällt er in Zuckungen, seine Augen brechen, er stirbt.

Don Pedro weinte über seinen Sieg; während des Gefechtes waren ihm einige Worte entfahren, die der Maure leider zu spät verstand, und die es ihn versicherten, daß der Christ kein Wort von allem dem wisse, was den Gegenstand der Liebe des Jünglings betraf. Der Spanier suchte ihn noch immer ins Leben zu bringen; er hatte seine Scherpe zerrissen, und seine Wunde damit verbunden; ein Haufe Mauren, die von weitem dem Zweykampfe zugesehen hatten, eilten nun auf den Sieger los, sahen einen von den ihrigen todt zu seinen Füßen, und

und wollen sich sogleich Don Pedros bemächtigen. Dieser hält sich mit außerordentlicher Tapferkeit gegen ihre vereinte Macht, und streckt zwey in den Sand hin. Schon hatten sie ihn fast überwältigt, als er sich noch einmahl zusammen rafft, sich mitten durch sie durchschlägt, und seinem Pferde den Zügel schießen läßt. Sie verfolgen ihn. Endlich entwischt ihnen Don Pedro in der größten Verwirrung, halb sinnlos, ohne zu wissen, wo er sich hinflüchten sollte, erreicht er die Thore von Grenada, läßt sein Pferd nach seinem Willen auf der Ebene fortgehen, hört hinter ihm das Geschrey der ihm nacheilenden Mauren, sieht einen Park bey einem Landhause; die Mauer war nicht hoh; er setzt darüber, und kommt etliche Schritte weit von einem Mauren auf den Boden, der nach allen Anzeigen der Herr dieses Orts zu seyn schien. Almozar hatte einen Pfirsich in der Hand; er erschrickt anfangs über den unerwarteten Anblick eines Menschen, der ganz außer sich zu seyn schien. Rette mir das Leben sagte der Spanier; sind gleich unsere Religionen ver-

schie-

schieden: so soll doch dein Menschengefühl in dir für mich sprechen. Ich habe mich als Ritter mit einem deiner Landsleute gemessen; ich will mir nicht mit Lügen durchzuhelfen suchen, will 'es dir frey gestehen, daß ich ihn erlegt habe. Zugleich aber erkläre ich dir, daß ich mir seinen Tod nie verzeihen werde. Er hat eine Theilnehmung in mir erregt... Man verfolgt mich, ich flüchte mich in deine Arme; kann ich mich auf deine Großmuth verlassen? — Christ, ich gebe dir mein Ehrenwort, komm, iß mit mir die Hälfte des Pfirsichs; du weißt, daß ich, so bald du ihn in deinem Munde hast, wenn ich auch niederträchtig genug wäre, mein Versprechen nicht halten zu wollen, dir doch die Rechte der Gastfreyheit nicht versagen könnte.

Der Spanier, den diese Art von feyerlichem Schwure beruhiget, bezeigt seinem Wohlthäter seinen Dank; dieser sucht ihn von allen Nachforschungen zu verbergen, und versteckt ihn in ein Gartenhaus, zu welchem er allein die Schlüssel hatte. Diesen

ſen Schlupfwinkel, ſagte der Maure, kennt kein Menſch, und ſelbſt meine Bedienten nicht; nur ich allein weiß alſo um dein Unglück; und ſo bald der Tag der Erde nicht mehr leuchten wird, ſo werde ich dich aus dieſem Orte abhohlen, und dann kannſt du wieder in dein Vaterland ziehen.

Don Pedro dankte dem großmüthigen Almozar aufs neue: — nie wird in meinem Herzen das Andenken an den Dienſt erlöſchen, den du mir erzeigeſt!... Mich wird nun ewiger Gram nagen; ich habe es dir geſagt, ich werde mir es ewig vorwerfen, daß ich dem unglücklichen Jüngling das Leben genommen habe.. Ich ſehe ihn noch, wie ſeine Augen ſich dem Sonnenlichte verſchließen!.. Er ſprach noch von ſeinem Vater, von dem Schmerze, den er über ſeinen Verluſt empfinden würde.. O, es iſt ſchrecklich, Urſache an jemands Tode zu ſeyn! Ich wäre weniger zu beklagen geweſen, wenn ich ſelbſt geblieben wäre.

Der Greis muß den Spanier verlaſſen; ein dumpfer Lärm, der mit jedem Augenblicke

Blicke stärker wird, bringt in seine Ohren.
Er weiß nicht, woher der Auflauf kommen
mag, geht über seinen Hof. Es stürzt ein
Haufen Volks in sein Haus; er verdoppelt
seine Schritte, lauft auf die Leute zu: —
Warum... warum dieser Lärm?.. Wie?..
was wollt ihr bey mir? — Unglücklicher
Vater, blicke, wenn du es vermagst, auf
diese Bahre, so wirst du sehen.. Der
Mann, der dieses gesagt hatte, redet nicht
aus; Thränen erstickten seine Stimme; den
Greis überfällt ein Schrecken; er sieht hin;
was sieht er? Wen tragen die Soldaten?
Aus der Seitenwunde strömt sein Blut;
sein Gesicht ist mit Todtenblässe überzogen;
Sein Sohn ist es, sein einziger Sohn.
Mit einem lauten Schrey stürzt sich, fällt der
Maure auf den leblosen Körper hin: —
mein Sohn! mein theurer Almozar!

Alles drängt sich um den Vater, dessen
Unglück alles überstieg, was Vaterleiden
heißt. Er bedeckte mit seinen grauen Haa-
ren, mit seinen Zähren den entstellten Rest
seines Sohnes, fuhr dann auf, fluchte him-

melan

melan, nnd zerschlug sich die Brust. Dann umarmte er mit dem Ausbruche des berstenden Gefühls den Leichnam; man will ihn wegreißen: — nein Grausamer! nein, ihr sollt mich nicht von ihm trennen. Es ist ja mein Sohn, mein Sohn! ihr müßt mich mit ihm begraben.. Und wer ist der Barbar, der mich meines Sohnes beraubt hat? Wo ist er? Ist er meiner Rache, seiner gerechten Strafe entflohen! Soll ich die Freude nicht haben, ihm das Herz aus dem Leibe zu reißen? Ich war Vater, meine Freunde! und seit diesem schrecklichen Tage bin ich es nun nicht mehr, bin ich es nicht mehr!

Man erzählte ihm nun, daß man in der Ferne seinen Sohn mit einem Christen kämpfen sahe, daß man ihm, aber leider zu spät, zu Hülfe gekommen sey, daß man ihn in seinem Blute in Sand gestreckt fand; man erzählte ihm ferner, daß man den Mörder hatte greifen wollen, daß aber alle Bemühungen umsonst waren; daß er, nachdem er mit außerordentlichem Muthe noch einige

von

von ihren Landsleuten zu fernerem Gefechte unfähig gemacht hatte, ihnen entwischt wäre. Aber er soll uns nicht immer entwischen, rusten alle einstimmig aus; keine Mühe soll uns dauern, ihn aufzusuchen; sein Blut soll unsre Wuth wie die Gerechtigkeit versöhnen; tausend Dolche in seine Brust... Es ist ja ein Spanier... Ein Spanier, unterbricht sie Almozar, Gott!.. Gott!.. Meine Freunde, verlasset mich.. laßt mich allein.

Almozar eilt an den Ort, wo er Don Pedro versteckt hatte; dieser erschrickt über den erschrecklichen Zustand, worin er ihn erblickt: — Was ist dir, mein edler Wohlthäter? — Der Tod.. der Tod nagt an meinem Herzen... Eben bringt man mir..., ohne Leben... Ich muß es erfahren.. muß es sehen..

Ohne auszureden, führt er Don Pedro an den Ort, wo man den Leichnam des Jünglings hingelegt hatte: — Ist dieß der, der unter deinem Schwerte erlag.

(Indem der Maure dieß sagte, waren seine Augen mit der schärfsten Aufmerksamkeit auf den Spanier gerichtet.) — Ich will es nicht läugnen.. ja.. dieß ist er. — So hast du meinen Sohn ermordet! — Deinen Sohn! — Ja hier siehst du meinen Sohn, meinen einzigen Sohn, und du bist sein Mörder!

Don Pedro war eben so bestürzt, als der Greis. — Deinen Sohn habe ich erlegt! Gott, welch schreckliches Schicksal! Nun denn, räche seinen Tod! Hier ist meine Brust! Stoß zu! Mit eben der Wahrheit, mit der ich mich als den Urheber dieser schrecklichen Begebenheit bekenne, muß ich dir auch sagen, daß weder dein Sohn noch ich gegen die Gesetze der Ehre gefehlt haben; nur mein Schicksal, mein schreckliches Schicksal kannst du deshalben anklagen. Gib, unglücklicher Vater, gib der Stimme der Natur Gehör! Laß mich von deiner Hand sterben. — Ja, ich sollte dir wohl das Herz durchbohren, sagte der Greis mit einem Strom von Zähren, und stürzt

auf

auf den Spanier los... Du beraubest mich eines Sohns... O, dieß ist weit folternder, als hättest du mir selbst das Leben genommen, dieß Leben, das der Gram bald abkürzen wird; aber.. ich habe dir mein Wort gegeben.. und will es halten. Geh fort, geh!.. ich will dich nicht mehr anhören; (der Spanier wollte reden) was kannst du mir sagen? Sieh her, Barbar!.. Die Nacht bricht ein, nimm eines von meinen Pferden, flüchte dich, eile.. denn ich stehe dir nicht dafür.. ein Augenblick, den du verziehst; ich könnte mich vielleicht einer allzugerechten Rache überlassen. Benütze die Schatten der Nacht... So geh denn, und laß mich auf dem Leichnam meines unglücklichen Sohnes sterben.

Almozar war wirklich in der heftigsten Bewegung; man sahe es, daß er den schwersten Kampf kämpfte, um den Ausbruch der väterlichen Wuth zu hemmen. Der Spanier verläßt ihn, laut seine Größe hinaufstaunend. Du hast meines Sohnes Blut vergossen, sagte der unglückliche Vater zu ihm,

ihm, sein Leichnam liegt vor meinen Augen. Ich danke dem Himmel, daß er mir Kraft verlieh, die Empörung der Natur zu dämpfen. Ich habe mein Versprechen erfüllt, und dieß ist mir genug; ich fühle es, meinem und deinem Gott, habe ich diesen Sieg der Tugend zu danken, und nun sage es noch wenn du kannst, daß die Mauren nicht würdig sind, ihn anzubeten.

Der neue Regulus.

Im Anfange dieses Jahrhunderts hatte ein Kaufmann von Marseille, Namens Kompian auf einer Seereise das Unglück, von einem türkischen Seeräuber nach hartnäckigem Widerstande gefangen zu werden. Der Sieger führte ihn nach Algier, wo er ihn als Sclaven verkaufte. Sein neuer Herr war einer der Vornehmsten daselbst; sein Name war Said. Die Tugend findet sich auch bey den wildesten Barbaren. Said hatte nur Geburt und Religion mit seinen Landsleuten gemein; sonst war er menschenfreundlich, großmüthig, gefühlvoll, und sahe mit Wehmuth alle die übeln Begegnungen an, welche die christlichen Gefangenen erdulden mußten. Sind sie denn nicht auch Menschen, unsre Brüder? sagte er oft zu ihren Herren, oder besser zu ihren Henkern. Glaubt ihr denn Gott eine Freude zu machen, wenn ihr eure Wuth an unglücklichen Schlachtopfern auslasset, die das Kriegsglück euch in die Hände geführt hat? O gewiß, wer der Natur Gewalt anthut, der beleidigt den Gott, den wir anbeten, und dieser hat für harte und unbarmherzige Seelen keine Vergebung.

Saids Reden machten zwar wenig Eindruck auf seine Mitbürger; aber sie beweisen doch, daß der Kaufmann von Marseille nur den Namen eines Sclaven trug. Auch suchte dieser dem tugendhaften Muselmanne nützlich zu werden; er diente ihm mit aller Sorgfalt, mit welcher ein Freund dem andern dienen kann, und Said bemerkte jede, auch die kleinste seiner Handlungen. Er hatte ihm die Oberaufsicht über sein Hauswesen anvertraut, und ihm sein ganzes Vertrauen geschenkt.

Kompian hätte mit einem Schicksale zufrieden seyn können, welches ihm durch so viele Güte erleichtert wurde, und doch entwischten ihm Seufzer, und seine Trau=

sigkeit zeigte sich auch wider seinen Willen
auf seinem Gesichte. Said bemerkte es
bald, daß er litte: — Was hast du mein
Freund? Du verstellst dich vergebens; ich
lese in deinem Herzen, dich nagt ein düstrer
Kummer; haft du dich denn über einen
Herrn zu beklagen, der ganz Verzicht auf
diesen Titel thut, und nur dein zärtlichster
Freund ist? Du weißt, wie sehr ich dich
liebe, daß ich mich nur nach deinem Rathe,
ja sogar nach deinem Willen richte; ich
ziehe dich meiner Familie vor, und ganz
gewiß hast du die erste Stelle in meinem
Herzen. Thränen fließen aus Kompians
Augen: O gewiß, Sie fesseln mich durch
Bande an Sie, die es mir unmöglich ist,
zu zerbrechen, durch die Bande eines ewigen Dankes; ja Sie müssen leicht in mein
Herz blicken können, das ganz voll von Ihnen ist. Allein ich berufe mich hier auf
Ihr eigenes gefühlvolles Herz; würde Sie
nicht selbst, großmüthiger Said, wenn Sie
an meiner Stelle wären, schwerer Kummer
nagen? Kann ich mein Vaterland vergess-
sen? vergessen, daß ich Aeltern, ein Weib,

zwey Söhne habe? O, könnte ich, wäre es auch nur auf einige Tage, sie sehen, sie umarmen, sie an mein Herz drücken, sie in einen Stand setzen, der sie vor dem Unglück sicherte! — Höre Christ, ich will es dir nicht verhehlen, du bist mir unentbehrlich, nicht in Ansehung meines Vermögens, sondern meines Herzens; du bist so ganz, was es verlangt. Bin ich einen Augenblick fern von dir: so fehlt mir alles; kurz du hast mir die zärtlichste, innigste Freundschaft für dich eingeflößt; du bist die Nahrung meines Herzens; und sollte ich dich verlieren, o so sey versichert, daß ich deinen Verlust nicht würde ertragen können; oder meinst du etwa, daß nur deine Landsleute gefühlvoll sind? Kompian wirft sich Said zu Füssen. — Mein theurer Gebieter!.. Nenne mich nicht so, erwiedert der Muselmann, und schließt ihn in seine Arme; nenne mich deinen Freund, der nichts sehnlicher wünscht, als dich von einer Liebe zu überzeugen, deren gewiß wenige Seelen fähig sind.

Kom-

Kompian erwiedert eine so rührende Freundschaft mit der gänzlichen Hingabe seines Herzens; aber er konnte doch das brennende Verlangen nicht überwinden, das alle seine Wünsche nach Frankreich, nach seiner Gattin, und nach seinen Kindern hinzog.

Kompian wird krank; Said leidet dabey so viel als er selbst, leistet ihm alle Hülfe, hat alle Sorgfalt für ihn, verläßt ihn keinen Augenblick. Sie suchen mir das Leben zu erhalten, redet sein Sclave ihn an; ach nur ein Mittel kann mir meine Gesundheit wieder erwerben; lassen Sie mich mein Weib, meine Kinder wieder sehen!.. Grausamer, unterbricht ihn der Muselmann, so kannst du denn nicht lieben? Erkläre dich, was verlangst du von mir? Willst du die Hälfte meines Vermögens? Du sollst sie haben; aber deine Freyheit dir zu geben, dich von mir zu lassen... Ich habe es dir gesagt, du bist mir zu meinem Glücke unentbehrlich. Hören Sie, antwortete Kompian, halten Sie mich für einen Bidermann?

Wol-

Wollen Sie mir auf mein Wort trauen? — Ja Christ, an deiner Redlichkeit zweifle ich nicht. Die Verschiedenheit unserer Religionen macht mich nicht gegen deine Tugenden blind; ich habe dich, seit wir beysammen leben, beobachtet, und ich gestehe es dir mit Freuden, ich habe Empfindungen in dir entdeckt, welche dir meine Liebe zuzogen. Dieß ist der Grund meiner Freundschaft für dich, die bis an das Ende meines Lebens dauern wird. — Nun denn, großmüthiger Said! wenn Sie mich lieben, wenn ich Ihre Achtung besitze, wenn Sie glauben, daß ich nicht im Stande bin, an der Ehre meineidig zu werden: so erlauben Sie, daß ich in mein Vaterland reise, daß ich noch einmal die Wonne schmecke, meine Gattin und Kinder zu umarmen, und dann komme ich wieder zurück.. — Du willst wieder zurück kommen, Christ? — Ich gebe Ihnen mein Wort, mein heiliges Wort darauf. So geh denn, rief Said aus, geh wieder unter dein Dach zurück; aber denke, daß ich dich erwarten werde, daß du es mir versprochen hast, daß ich vor Kummer

ster-

sterben werde, wenn du nicht zur bestimmten Zeit in meine Arme zurück kommst...
Wolltest du an deines Freundes Tod Ursache seyn? Du weist es Kompian! weist es, daß ich dein Freund bin, daß ich nie dein Herr war.

Der Kaufmann wirft sich dem Muselmanne in die Arme; seine Thränen fließen auf denselben: — Ja, mein theurer Wohlthäter, ja, ich will wieder kommen, und die Ketten der Freundschaft tragen. Sie sollen es sehen, daß ich die Achtung verdiene, deren ganzen Werth ich fühle.

Kompian schickt sich zu seiner Abreiße an. Said bezwang sich, und verbarg seinen Kummer. Der Tag ist angebrochen, wo der Gefangene ihn verlassen soll. Da zeigt sich der Muselmann in seinem vollsten Gefühle und in dem ganzen Adel seiner Seele: — Geh', sieh' meine Thränen nicht an; doch denke, daß nur deine Hand sie trocknen kann. Ich werde Tage und Stunden zählen, und erst von dem Augenblick des Wiedersehens an wieder aufleben.

Der

Der Kaufmann umarmt Said und nimmt Abschied von ihm; die letzten Worte, die aus des Muselmanns Munde kommen, sind diese: Erinnere dich, daß du mir den Schwur der Freundschaft gethan hast. Kompian, nachdem er ihm noch mit Thränen geantwortet hatte, verliert Said endlich aus dem Gesichte. Eben als er in das Schiff steigen will, bringt ihm ein Sclave ein Bilet von seinem Herrn, mit einem Kästchen, das mit Zechinen angefüllt war. Das Billet lautete also: Mein Freund kann „mir den schwachen Beweis meiner Liebe „nicht abschlagen; mein Leben ist an das „seinige gekettet, und bis zu seiner Zurück„kunft wird meine Seele ein Raub des „Kummers seyn.„ Man erkennt in diesen Ausdrücken den Geist der Morgenländer.

Kompian erscheint wieder zu Marseille, ist wieder in den Armen seiner Gattin, in dem Schooße seiner Familie, seine Kinder hängen wieder an seinen Lippen. Er hat seine Geschäfte, die durch seine lange Abwesenheit in Unordnung gerathen waren,

wie-

wieder in Ordnung gebracht; seine Freunde stellten ihm zu Ehren eine Lustbarkeit nach der andern an; er fühlt alle die Lust, die uns berauscht, wenn wir nach Verlauf etlicher Jahre uns wieder unter unserm eigenen Dache finden, und den himmlischsüßen Regungen der Natur uns wieder überlassen können.

Said befand sich in einer ganz verschiedenen Lage. Düstre Schwermuth vergiftete seine Tage; oft machte er sich Vorwürfe, daß er allzu leichtsinnig sich seiner Großmuth überlassen hatte. Er wird nicht wiederkommen, sagte er bey sich selbst, wird meine Schwachheit mißbrauchen! Wie sollten auch Christen so hoher Tugend fähig seyn? Sie kennen die Stärke der Leidenschaft ja nicht... Ach ist nicht die Freundschaft, reine Freundschaft eine von denjenigen Leidenschaften, die mit der unumschränktesten Gewalt unser Herz beherrschen? Kompian, konntest du mich vergessen? Nicht meine Wohlthaten schmerzen mich, nur meine Liebe, die mich unauflöslich an dich kettet... Ich,

ich

ich war dein Sclave... in dem Besitz alles meines Reichthums kann ich nicht den schwächsten Genuß finden, den ich in der Ergießung unserer Seelen fand.. Ach, kaum kann ich noch leben. Alle, die mich umgeben, sind Feinde, sind Verwandte, die nach meiner Erbschaft hungern. Wo bist du Christ, der du mir so theuer warst? Hast du mich denn verrathen, verlassen? Sollte des Menschen Natur einer solchen Niederträchtigkeit fähig seyn? Ich kann es nicht ausdauern... Sehe ich Kompian nicht wieder; so sterbe ich ohne allen Trost.

Indessen empfieng er doch von dem Kaufmanne Briefe, in welchen er immer von seinem Danke sprach; auch gab er ihm umständliche Nachricht von der Lage seiner Sachen, aber kein Wort von dem, was Said am meisten am Herzen lag. Immer wiederhohlte der rechtschaffene Muselmann: was könnte ich anders erwarten, er hat mich betrogen.

Kompian gibt seiner Famillie, seinen Freunden und Bekannten ein prächtiges Gast-

Gastmahl. Nach Tische überläßt man sich
der Freude, und bringt den Rest des Tages
mit mancherley Lustbarkeiten zu. Als die
Gesellschaft auseinander gehen wollte, sagte
Kompian: einen Augenblick meine Herren,
ich muß Ihnen von etwas Nachricht geben,
das mir sehr am Herzen liegt. Haben Sie
die Güte sich zu setzen, und schenken Sie
mir einige Augenblicke Ihre Aufmerksamkeit.

Die ganze Versammlung ist äußerst begierig zu hören, was er ihr vorzutragen hat.
Der Kaufmann zieht einen Pack von Schriften aus seiner Tasche, und sagt zu seiner
Frau: hier hast du mein Testament.. Man
läßt ihn nicht ausreden: — Ihr Testament!
Was soll denn das bedeuten? Sollen Sie
denn bald sterben? — Nein allem Anscheine nach habe ich kein so schnelles Ende zu
befürchten; aber der Augenblick meiner Abreise ist nahe... — Ihrer Abreise? ruft die
ganze Gesellschaft einstimmig, und auf allen
Gesichtern spricht die Neugierde: — Nun
so erklären Sie Sich, was wollen Sie damit sagen? — So viel, daß ich mich von

L   Ih-

Ihnen trenne, daß wir uns vielleicht nie
wieder sehen; dieß war der Grund, warum
ich meine Angelegenheiten in Ordnung brachte; meine Frau und meine Kinder werden
zufrieden seyn können; ich habe ihr wech-
selseitiges Interesse mit aller Genauigkeit
und mit allem Eifer auseinander gesetzt, den
Rechtschaffenheit und Liebe einflößen können;
ich habe für Sie alles gethan, was in mei=
nen Kräften stand; heute will ich nur für
mich selbst handeln.

Des Kaufmanns Familie konnte am wenigsten ihr brennendes Verlangen verbergen,
die Ursache dieser unerwarteten Trennung
zu erfahren. Hier ist sie: jedermann unter
Ihnen weiß es, wo ich vor etlichen Monaten hergekommen bin; ich war Sclave,
und meine Fesseln sind von solcher Art, daß
ich sie nicht zerbrechen kann. — Sind Sie
etwa Ihre Ranzion noch schuldig? Wenn
Sie dieß beunruhiget: so zählen Sie auf
Ihrer Freunde Diensteifer.. — Ich danke
von ganzem Herzen für dieses großmüthige
Verfahren; aber alle meine Freunde sind
nicht

nicht im Stande, meine Verbindlichkeit auf-
zulösen. Wenn ganz Marseille mir allen
seinen Reichthum schenkte, so wäre es doch
nicht vermögend, meine Schuld zu tilgen.

Nun erzählt denn der Kaufmann mit
aller Wärme eines gefühlvollen Herzens, was
für Bande ihn an den Algierer fesseln, und
unter welcher Bedingung er die Erlaubniß
erhalten habe, sein Vaterland und seine Familie wieder zu sehen. Sie sehen nun,
fuhr er fort, daß nichts in der Welt mich
von meinem Schwure losmachen kann;
Pflicht, Dank und Ehre fesseln mich an
denselben. Ein feister Kaufmann, dessen
viereckigtes einförmiges Gesicht seine Dumm-
heit verrieth, und der sich mit allem dem
einbildete, eine treffliche Beurtheilungskraft
zu besitzen, erhob hier ungebeten seine Stimme: Armer Kompian du bist verrückt; du
redest da von Verbindlichkeit, vom Schwure? Seit wann muß man denn diesem Volke Wort halten? Es sind ja Türken; sie
glauben ja nicht an Gott. — Doch, sie
glauben an Gott, erwiedert Kompian mit

L 2

Lächeln, sie beten ihn an, und verehren ihn, wie wir. Zwar ist ihre Religion von der unsrigen verschieden; aber nichts destoweniger ist ihnen Rechtschaffenheit, Ehre und Tugend heilig; wenigstens zeigte sich mir Said immer unter diesen Zügen. Ueberdieß ist er mein Wohlthäter, mein Freund; kurz auf mein Versprechen wieder zu kommen, geniese ich die süße Wonne, meine Familie zu umarmen.. Sie alle wieder zu sehen. Nun will ich wieder nach Algier zurück.. ich muß.. ich will fort.

Er steht auf, man macht ihm nochmahls dringende Vorstellungen. Seine Frau und seine Kinder werfen sich ihm in die Arme, ihre Thränen fliesen über ihn; sie flehen ihn mit vereinten Bitten und Klagen; allein alle Waffen, mit welchen man den Entschluß des standhaften Kaufmanns zu bestreiten sucht, verfehlen ihren Endzweck. Mit der Miene eines Mannes, der sich zu seiner Erfindung eines glücklichen Auswegs Glück wünscht, sagte der unvernünftige Kaufmann zu Kompian; — Lieber Freund, wenn du
denn

denn durchaus glaubſt, du ſeyſt durch deinen Schwur gebunden: ſo wollen wir ſchon Mittel finden, dich davon loszubringen. Ich kenne zwey herrliche Köpfe.. und noch einmahl, man iſt den verfluchten Türken nichts ſchuldig; wo zum H—r willſt du denn mit der Ehre hin?

Kompian iſt gegen alles Einreden taub; es kann ſein Herz nicht betrügen; und nur ſein Herz fragt er um Rath, nur dieſem folgt er. Er reißt ſich aus den Armen ſeiner Familie und ſeiner Freunde los, die ihn mit Thränen an das Ufer begleiten. Seyd verſichert, ſagte er zu ſeiner Frau und zu ſeinen Kindern, daß ich von ganzer Seele wünſche, wieder bey euch zu ſeyn, daß meine Lage mir das Herz bricht. Ihr dürft warlich nicht an meinem gefühlvollen Herzen zweifeln.. ihr habt da einen Beweis davon. Hätte mein Herz weniger Macht über mich: ſo würde ich mein Verſprechen aus den Augen ſetzen; aber ich weiß, daß Said auf mich harret; ich bin durch mein Ehrenwort gebunden; wenn er anfinge, mich in Verdacht zu haben!.. Ich habe die Pflichten des Gatten und des Vaters erfüllt, bin nun zu eurem Glücke weiter nicht nöthig; nun muß ich auch die Pflichten der Ehre, der Freundschaft erfüllen... Lebt wohl.. Seyd versichert, daß mein Herz sich niemahls von euch wenden wird.

Hier zwingt Kompian seine Thränen zurück, reißt sich mit Gewalt aus dem Schooße seiner Familie los, springet in das Schiff, und wendet seine Augen vom Lande weg, als wenn er fürchtete, durch eine Regung der Natur überwunden, und zurückgeführt zu werden, der Natur, die man so mühsam unterdrückt.

Er ist in dem Hafen zu Algier angelangt, eilt zu Said; man sagt ihm, daß schwerer Kummer denselben verzehrt, daß er krank ist. Kompian fliegt in sein Zimmer, findet ihn nach Art der Morgenländer auf Küssen liegend, fast in den letzten Zügen. Er wirft sich ihm in die Arme: — mein Gebieter! mein Freund! hier sehen Sie mich wieder; ich komme, meine Pflicht

zu

zu erfüllen, meinem Worte Genüge zu leisten.. — Bist du's, Kompian! Ach du schenkest mir das Leben wieder! Ja deine Abwesenheit war mein Tod, und ich konnte es nicht mehr wagen, mich der süssen Hoffnung zu überlassen.. Ich fürchtete., ich glaubte, daß die Christen.. ich that ihnen Unrecht.. mögen sie mir verzeihen; es gibt doch überall, ich fühle es, tugendhafte und gefühlvolle Seelen.

Said wurde nicht müde, dem Himmel zu danken, und Kompians Großmuth zu bewundern, der ihm Vaterland, Familie, alles, was uns an das Leben fesseln kann, aufopferte. Der Kaufmann sprach ihm dagegen nur von allem dem vor, was die Freundschaft ihm einflößte, was er noch im Stande wäre, für sie zu thun. — Ja, mein Gebieter; denn diesen Namen werde ich Ihnen immerfort mit Freuden geben; es war nicht nöthig, daß ich mich durch mein Wort band; die Freundschaft allein wäre im Stande gewesen, mich wieder zu meinem theuren Wohlthäter zu führen; dieß ist gewiß die stärkste Kette.

L 4   Said

Said wollte seinen Gefangenen in Beweisen der Liebe und der Großmuth übertreffen, oft überraschten sie sich, daß sie beyde Thränen vergoßen, und doch schien es, als suchten sie sich selbst die Ursache zu verbergen, warum sie flosen. Kompian hatte dem Algierer neue Beweise seiner Einsicht und seines Eifers gegeben, er hatte seine Geschäfte übernommen, und sie in eine Ordnung gebracht, welche Saids Vermögen um die Hälfte vergrößerte. Der Herr und der Sclave wetteiferten gleichsam mit einander, wer dem andern mehr Gefälligkeit erweisen könnte.

Kompian nährte immerfort einen geheimen Kummer, der dem Algierer nicht entging, und dieser nagte, ungeachtet er in Kompians Besitz seines Herzens größte Wonne fand, eine düstre Schwermuth, die mit jedem Tage zunahm. Es entmischten ihm bisweilen tiefgehohlte Seufzer, wie wenn seine Seele mit sich selbst ränge, sich selbst zu bezwingen suchte. Kompian bemerkte, daß, so oft Said ihn ansahe, dieſe ſe heftigen Bewegungen ſeiner Seele noch fürchterlicher wurden. Endlich erwieß Said eines Abends dem Kaufmann noch mehr Freundſchaft, als er ihm jemahls gezeigt hatte: — Kompian, du ſprichſt mir immer von meinen Wohlthaten; ich, ich werde dir nie genug danken können. Ich fühle lebhaft alles, was du mir zu Liebe gethan haſt; du haſt mir alles aufgeopfert, und ich, ich konnte nichts thun, als dich lieben, und dieß iſt doch gewiß ein kleiner Lohn für dein edelmüthiges gefühlvolles Verfahren gegen mich. Wenn du wieder in deinem Vaterlande ſeyn wirſt; ſo erinnere dich eines Mannes.. o gewiß werden deine Mitbürger dich nicht mehr lieben; und bey dieſen Worten entfielen dem Muſelmann einige Thränen) du warſt nicht mein Sclave, mein Freund, mein Sohn warſt du; hätteſt du mir die Augen zugedrückt: ſo wäre mein ganzes Vermögen dein Erbtheil geworden. Allein ich muß mir dieſen Troſt verſagen, muß, Kompian mir das Herz aus dem Leibe reißen. Noch einmahl, du magſt auch hinkommen, wo du willſt: ſo

ver-

vergiß deinen Said nie, und denke, daß du einen Freund zurück gelassen haßt..

Mehr konnte er nicht reden, Thränen und Schmerz erstickten seine Stimme. Kompian faßt ihn in seine Arme, drückt ihn an seine Brust: — Wohlthätiger, anbetungswürdiger Mann; Sie glauben, daß ich jemahls aufhören könne, Sie zu lieben? O nein, zu Algier, in dem Lande, wo wir sonst so viele Grausamkeiten erdulden, habe ich den wahren Mann von Gefühl angetroffen. Wahr ist es, meine Frau, meine Kinder, mein Vaterland machen mir oft einigen Kummer; aber die Freundschaft, die ich Ihnen geschworen habe, leidet nicht darunter.

Saids gefühlvolle Seele ergießt sich aufs neue. Nein Kompian, deine Seele soll durch ihre Größe mich nicht beschämen. Ich kenne, fühle ganz, was du mir aufgeopfert hast; meine Pflicht ist nun Wiedervergeltung. Stehe morgen früh auf; wir wollen einen Spaziergang nach dem Hafen thun.

Sey

Sey versichert, daß du mir immer theuer seyn wirst.

Kompian ging der Zustand tief zu Herzen, in welchem er seinen Herren verlassen hatte. — Sollte ich mich betrügen? Es drückt ihn schwerer Kummer, den er vergebens zu verbergen sucht. O Gott, wache über das Leben eines Mannes, der mir so unaussprechlich theuer ist! — Niemahls, nein, noch niemahls ging so weit die Freundschaft eines Menschen.

Es war kaum Tag: so tritt Said todtenbleich, vom Gram abgehärmt in Kompians Zimmer; der Kaufmann erstaunt. — Theurer Gebieter, was ist Ihnen? Haben Sie diese Nacht nicht wohl geruht?.. — Es ist nichts. Lieber!... es muß endlich seyn.. ich bin es fest entschlossen, ja fest entschlossen, — was sagen Sie? — Wir wollen nach dem Hafen gehen. ach!.. du sollst es bald erfahren.

Kompian, dessen Verwirrung mit jedem Schritte steigt, kann es doch nicht errathen, was Said so sauer ankommt, ihm zu entdecken; sie begeben sich also nach dem Hafen. Kompian erblickt ein Schiff; Said zwingt ihn, hinein zu treten. Kompian bewundert den niedlichen Bau des Schiffes, die Waaren und die Schätze, mit denen es beladen war. Nachdem er es untersucht und jedes Stück beobachtet hatte, wollte er wieder zurück gehen. Freund, ruft Said mit einem plötzlichen Thränengusse aus, du mußt in diesem Schiffe bleiben, es ist, es ist dein Eigenthum. Ich habe allzulang deine Freundschaft gemißbraucht, geh' wieder in dein Vaterland, zu deiner Familie zurück; zeige ihr die Kette, die Sclaven, wie du bist, zu Algier tragen sollen. (Er verehrt ihm eine goldene mit den prächtigsten Diamanten besetzte Kette, die mehr als fünfmahl hundert tausend Livres werth war.) Er fährt fort: dieß ist nichts in Vergleichung mit den Empfindungen, die in meinem Herzen sind. Machen wir unsern Abschied kurz; ich habe dir es schon gesagt, du sollst es nicht wissen, was diese grausame Trennung mich kostet. Kompian staunt, sinkt unter dem Gefühle seines Dankes nieder,

der, überläßt sich allen Empfindungen, die ein so edles, so rührendes Verfahren in seinem Herzen nothwendig erregen mußte, und will in Großmuth mit Said wetteifern. — Ich bin dein Herr gewesen, erwiedert Said, und drückt ihn zärtlich an seine Brust; es ist also deine Pflicht, mir zu gehorchen. Wenn jemahls deine Kinder Lust bekommen sollten, mich kennen zu lernen: so denke daran, daß sie auch meine Kinder seyn werden.

Endlich trennen sich diese zwey Menschen, die es so werth sind, zu lieben und geliebt zu werden, von einander, mit ihren wechselseitigen Thränen benetzt. Mehrere Mahle flogen sie noch einander in die Arme, und hörten nicht auf, einander zu sprechen, und sich mit den Augen noch zuzuwinken, als bis das Schiff in der offenen See war.

Kompian kommt zu Marseille an, fällt seiner Frau und seinen Kindern um den Hals, die seiner am Hafen warteten, weil
sie

sie seine Zurückkunft erfahren hätten. — Urtheilt nun, wie sehr ich euch liebe! Um euch verließ ich den theuersten Freund, den edelsten Wohlthäter. Ihr sehet es, ich bringe mehr als eilfmahl hunderttausend Livres mit, die er mir verehrt hat; o meine Freunde, laßt uns ewig den großmüthigen Said segnen! Der einsichtsvolle Kaufmann, welcher glaubte, daß man den Türken sein Wort nicht zu halten bräuchte, besucht ihn. Wie nun, sagte Kompian zu ihm, glauben sie wohl, daß viele unserer Christen die Seele und das Betragen dieses Muselmanns haben würden? —

Kompian unterhielt mit Said einen beständigen Briefwechsel, und so oft er schrieb, flossen Thränen auf seinen Brief. Eben als er sich zu einer neuen Reise anschickte, um noch einmal die Freude zu haben, seinen Wohlthäter zu umarmen, wurde er krank und starb. Die Nachricht von diesem Verluste war Said so empfindlich, daß er unter seinem Kummer erlag, und seinem alten Sclaven bald ins Grab folgte.

Kom-

Kompians Andenken blüht noch bey
seinen Mitbürgern im Segen; man redet
zu Marseille noch mit der Ehrerbiethung,
mit der Rührung von ihm, welche nur das
Andenken an ächte Helden der Tugend er
zeugt. Dankbare, gefühlvolle Menschen!
Ihr seyd auch in der That die ersten der
Sterblichen, und verdient unsre beständige
Liebe, und haben wir euch verlohren, nie
versiegende Thränen.

+++++++++++++++++++++++++++++

Don Alonzo und Nuguez.

Don Alonzo, ein portugiesischer Edelmann
war aus Brasilien mit einem hinlänglichen
Vermögen zurückgekommen, um den Plan
von einem philosophischen Leben, das er
sich zu führen vorgenommen hatte, zur Wirklichkeit zu bringen. Alonzo fand sein einziges
Vergnügen in der Lecture, und hatte keinen andern Freund, als seinen Bedienten,
der

der seine Zuneigung in der That verdiente. Er hatte seinem Herrn das Leben gerettet, und liebte ihn mit aller Zärtlichkeit,
welche ein Sohn für seinen Vater haben
kann. Nuguez, so hieß dieser schätzbare Diener, theilte getreu die Wohlthaten aus,
welche Don Alonzo den Unglücklichen er-
wies; denn dieser Edelmann war, ungeachtet seiner anscheinenden Misantropie, einer der großmüthigsten und gefühlvollsten
Sterblichen; und was seinen guten Handlungen einen noch größern Werth gab, ist,
daß er sie mit eben soviel Sorgfalt verbarg,
als die meisten Menschen anwenden, ihre Thorheiten, und oft ihre Schandthaten bekannt
zu machen.

Ein so kluges Betragen schien dazu
gemacht zu seyn, Don Alonzo vor allen
widrigen Zufällen zu sichern; und doch
konnte er sich nicht vor denselben verwahren. Etliche Schritte weit von Don Alonzos Hause wohnte ein Italiener, der Fabrizio hieß. Er vereinigte in sich alle Wider-
sinnigkeiten und alle Ausschweifungen, die

der

der Reichthum nach sich zieht. Er war hochmüthig, frech, unmenschlich; konnte besonders nicht leiden, daß man seinen närrischen Launen ein Hinderniß in den Weg legte; nicht sowohl aus Begierde, einen rechtschaffenen Mann kennen zu lernen, als vielmehr aus dummer Neugierde suchte er die Gesellschaft des Portugiesen. Er that den ersten Schritt, wurde aber nicht gut aufgenommen. Don Alonzo blieb hartnäckig auf seinem Entschluß, allein zu leben, und wieß die Höflichkeiten des Italieners sogar mit einigem Unwillen zurück. Fabrizio, welcher alle Vorzüge des Glückes genoß, dem gewöhnlich nichts widersteht, war noch mehr erzürnt als erstaunt über diese Kälte Don Alonzos, die er eine ahndungswürdige Unverschämtheit nannte.

Sie treffen einander einmahl des Abends auf einem öffentlichen Spaziergange an. Fabrizio erkundigte sich, warum Don Alonzo nicht die Ehre benützte, welche er ihm anthun wollte, indem er Gelegenheit suchte, mit ihm in Verbindung zu kommen

Der Portugiese bezeigt in seinen Antworten eine Gleichgültigkeit, welche den Hochmuth des Italieners tödtlich beleidigt. Die Unterredung wird hitzig; sie sagen einander harte Sachen, kommen bis zu Drohungen; wenigstens spricht Don Alonzo, der des hochmüthigen Reichen endlich müde wurde, von Genugthuung. Die Ursache dieses Wortwechsels ist freylich sonderbar genug.

Unser Einsiedler hatte seit dieser Begebenheit den Entschluß gefaßt, Lissabon zu verlassen, und sich auf das Land zu begeben. Er war entschlossener als jemahls, die Welt zu fliehen, und sich ganz allein auf die Gesellschaft seines Bedienten einzuschränken, welcher ihm von Tage zu Tage lieber und nothwendiger wurde. Unterdessen begehrte Nuguez die Erlaubniß, sich auf einige Monathe zu entfernen, weil er seinen Vater besuchen wollte, der am Rande des Grabes war. Don Alonzo, der die Rechte der Natur kannte, hatte Nuguez seine Bitte gewährt; er trennte sich nicht ohne viele Mühe von ihm, nachdem er ihm

vor-

vorher hatte versprechen müssen, daß er auf die bestimmte Zeit wiederkommen wollte.

Alonzo ist jetzt mehr, als jemahls entschlossen, sich bis zur Rückkehr seines Bedienten in die Einsamkeit zu verschließen. Ein schreckliches Geschrey stört ihn aus seiner Ruhe auf; er erfährt, daß man auf der Straße Fabrizios Leichnam, mit einem Degenstiche durchbohrt, gefunden hatte. Er kann sich nicht enthalten, des Schicksal dieses Unglücklichen zu beklagen. Er dachte eben an diese Begebenheit, als eine Wache mit Ungestümm in seine Einsamkeit dringt, ihn wüthend aus derselben reißt, ins Gefängniß schleppt, und ihn in ein dunkles Loch wirft. Er wird mit Ketten belastet, eine eiserne Thür fällt mit schrecklichem Geräusche hinter ihm zu, und dieß alles ist das Werk eines Augenblicks.

Als Don Alonzo sich von der ersten Betäubung erhohlt hatte, öffnete er die Augen, fragt sich, wo er ist, was ihn an diesen Ort gebracht, was er denn für ein

Verbrechen begangen hat? Wenn seine Augen auf seine Hände und Füße fallen, die unter der Last der Ketten niedersinken; so verläßt ihn sein Muth. Bis dahin hatte er die Standhaftigkeit behalten, welche die Unschuld unterstützt; jetzt kann er sich nicht enthalten, Thränen zu vergießen. O, mein Gott, ruft er, du, der du die Herzen ergründest, was habe ich gegen die Menschheit verbrochen? Was kann mir von Menschen eine so grausame Behandlung zuziehen? Mein Gott, ich werfe mich in deine Arme! Alles verläßt mich in meinem Unglücke! Wenn ich doch nur meinen treuen Bedienten bey mir hätte! er könnte mich trösten!

Don Alonzo blieb acht Tage in diesem schrecklichen Zustande, wußte nicht, ob alles, was er empfand, wahr wäre, und lebte nur von Wasser und Brod, das ihm ein unbarmherziger Stockknecht brachte, der es ihm jedesmahl angestüm abschlug, ihm nur die geringste Erläuterung über sein Schicksal zu geben. Soldaten kommen in
seis

sein Gefängniß, führen ihn in einen Saal, den er für den denselben erkennt, in welchem sich die Gerichte versammeln; Bald ist er von Richtern und Beamten umringt; es ist nicht möglich, sein Erstaunen auszudrücken. Wie steigt diese Betäubung, als man ihn gerichtlich verhört, und er erfährt, daß man ihn anklagt, Fabrizio das Leben genommen, ihn bestohlen zu haben! Ihn bestohlen zu haben! ruft Don Alonzo aus. Ja erwiedert man ihm; Du bist sein Mörder, und hast ihm seine höchst beträchtliche Brieftasche entwendet. Der unglückliche Edelmann war ganz außer sich; diese Beschuldigung eines Diebstahls hatte ihn wie ein Blitz getroffen. Er hebt sich aus seiner Niedergeschlagenheit mit übernatürlichem Muthe empor, rafft alle Kräfte seiner Seele zusammen, bewaffnet sich mit dem edlen Stolze, der der unterdrückten Tugend so gut läßt: — ich hatte alle Unglücksfälle erduldet, alle Schläge des widerwärtigen Schicksals hatten mich getroffen, nichts blieb mir mehr übrig, als daß ich noch meine Ehre angetastet sehen mußte; dieß ist

M 3 das

das höchste Unglück, und der Himmel läßt es zu, daß die Verleumdung mich so tief erniedrigen darf... Ich bin ein Portugiese, ein Edelmann, und verdiene es zu seyn. Ich werde mich nicht so weit herablassen, eine Anklage zu widerlegen, bey welcher es mir unmöglich ist, mich nur einen Augenblick aufzuhalten; nur ein Wort will ich sagen: man untersuche meine Aufführung, steige bis zu meinem Leben in der Wiege hinauf; mein ganzes Leben muß mich vor dem geringsten Argwohn sicher stellen. Aber, antwortet man ihm, du hattest einen Wortwechsel mit Fabrizio; es sind Zeugen wider dich da. — Es ist wahr, ich habe mich geweigert, mit Fabrizio bekannt zu werden, weil ich mich dem Umgange mit den Menschen entreißen wollte, den ich mehr als jemahls verabscheue. Auch ist es wahr, daß ich mich auf dem Spaziergange bis zu Drohungen gegen ihn vergaß; aber ich habe ihm das Leben nicht genommen. Was das andere Verbrechen betrifft: so wiederhohle ich es nochmahls; ich antworte nicht auf diese Beschuldigung, meine Ehre ver-

verbietet mir, nur davon zu reden. Man verhört ihn aufs neue; er fährt fort: ich habe nichts weiter zu sagen. Die Menschen können, wenn sie ungerecht und barbarisch seyn wollen, nach ihrem Belieben mit meinem Leben schalten. Ich überlasse es ihrer Ungerechtigkeit; Gott ist oberster Richter; auf ihn berufe ich mich; er kennt die Wahrheit! vor ihm bin ich unschuldig, und dieß ist mir genug.

Man wirft Don Alonzo wieder in seinen Kerker. Da setzt sich die Natur wieder in den Besitz aller ihrer Rechte, und die Seele des Unglücklichen nährt sich mit allen Schrecknissen ihrer Lage. Ein Strom von Zähren stürzt ihm aus den Augen; häufiges Schluchzen erstickt seine Klagen. Mich, ruft er aus, mich beschuldigt man der schändlichsten That, der elendesten, entehrendsten Niederträchtigkeit! Kann ich dieß Bild nur einen Augenblick ertragen? Er rannte wüthend den Kopf gegen die Wand, fuhr mit lautem Schreyen zurück, flehte den Himmel um Gerechtigkeit an, und versank dann
wie-

wieder in den Abgrund seines Schmerzens. Er aß nicht, nährte sich, wenn man so sagen darf, nur von seinen Thränen; er bittet seinen Stockknecht um eine Gnade, die er nur für baares Geld erhält, nemlich einen Brief schreiben zu dürfen. Man löst ihm die Ketten von den Händen ab. Folgendes war der Inhalt des Briefs, den er mit seinen Thränen benetzte: er war an Nuguez gerichtet.

Mein Freund... mein einziger Freund... Niemahls hast du, Nuguez, mehr diesen Namen verdient, und niemahls hatte ich mehr nöthig, diesen Namen anzuflehen. Die Ueberschrift wird dir von dem Orte meines Aufenthalts genugsame Nachricht geben. Nuguez, dein Herr, dein Wohlthäter, dein Freund schreibt dir aus dem Gefängnisse, liegt unter der Last seiner Ketten gekrümmt, ihm droht vielleicht der Tod! Freund, du kannst dirs nicht einbilden; Don Alonzo wird eines Mordes angeklagt, und worüber du dich noch mehr wundern, in noch tiefern Schmerz versinken wirst,

man

man behauptet, daß nachdem ich Fabrizio meinem Zorne aufgeopfert, ich ihn bestohlen habe; ich! Ach Gott, die Bosheit der Menschen wird meine Unschuld überwältigen; ich darf nicht daran zweifeln; was kann ich nach dem Schlage, der mich getroffen, noch ferner von meinem unglücklichen Schicksal erwarten? Ja, mein Freund ich muß sterben, muß eines schimpflichen Todes sterben! meine Schande wird mich überleben! Welche Zukunft! Nur du, du allein nach Gott wirst mir Gerechtigkeit widerfahren lassen... So komm denn, eile in meine Arme, weine über meine Fesseln; so werde ich dir einigen Trost zu verdanken haben... Solltest du auch so grausam seyn, und mich verlassen wollen; mich für strafbar halten? Mein lieber Nuguez, säume nicht, du sollst meinen letzten Seufzer empfangen.

Ein besondrer Bote muß Nuguez, welcher etliche Tagreisen weit von Lissabon entfernt war, diesen Brief überbringen.

Man gestattete dem unglücklichen Don Alonzo nicht die Zeit, die Rückkunft seines Bedienten zu erwarten. Fabrizios Anverwandten lassen sich keine Bemühungen, keinen Goldaufwand verdrießen. Don Alonzo, dieser Mann, der sich sogar nichts vorzuwerfen hatte, wird zum Tode verdammt. Als man ihm sein Urtheil vorlas, schien er des Lebens beraubt zu seyn; nur beym Punkte des Diebstahls machte er eine unwillige Bewegung. Mich, ruft er aus, mich klagt man eines solchen Verbrechens an. Ein mitleidiger Geistlicher, der ihn in seinen Armen hielt, rieth ihm, den König um Schutz anzuflehen. Ehrwürdiger Vater, sagt ihm Don Alonzo, lassen wir die Erde und die Menschen bey Seite, reden Sie vom Himmel mit mir, Gott allein soll man anflehen.

Er ging mit auf die Brust gesenktem Haupte dem Blutgerüste zu. Ganz Lissabon lief zu diesem rührenden Anblick. Man konnte es nicht glauben, daß dieser unglückliche Edelmann etwas verbrochen hätte, am wenignigsten, daß er des schändlichen Verbrechens schuldig wäre, dessen man ihn anklagte. Man sahe, man hörte nichts als Thränen und Seufzen. Endlich war Don Alonzo, nachdem er seinen Blick lange gen Himmel gekehrt hatte, bereit, unter der entehrenden Hand eines Henkers das Leben zu verlieren.

Es entsteht ein Gemurmel, man sieht einen jungen Menschen sich aus den Armen eines Greises loswinden, der ihm mit Thränen folgte. Alle eure Mühe ist vergebens, ruft der Jüngling, stürzt dem Blutgerüste zu: Haltet ein, ich bins, ich bin der Verbrecher; ich bin Fabrizios Mörder... Nuguez! ruft Don Alonzo außer sich. Wirklich war es auch dieser würdige Bediente: ich selbst antwortete er, und wirft sich dem Edelmanne in die Arme; O, mein theurer Gebieter, mir, mir kommt es zu, zu sterben. O Gott, so erlaubst du doch, daß die Unschuld gerettet werde! Fort, man führe mich vor die Richter... Nuguez begleitet von Don Alonzo und von dem weinenden

Grei

Greise tritt in die Gerichtsstube. Kaum erblickt er die Richter; so ruft er: man nehme eilends diesem ehrwürdigen Manne die Fesseln ab, der für mich das Schlachtopfer seyn sollte. Man nimmt Don Alonzo die Ketten ab; Nuguez fährt fort: Mir (indem er beyde Hände ausstreckt) mir kommt es zu, sie zu tragen; mich muß man strafen, wenn ich es verdient habe, die Strenge der Gesetze zu empfinden, weil ich mich dem Unglück aussetzte, Fabrizios Mörder zu werden. Er erzählt seine Geschichte weitläuftig. Er hatte den Abend vor seiner Abreise den Italiener angetroffen, welcher gegen Don Alonzo Schimpfworte ausstieß. Nuguez, dem sein Herr so theuer war, hatte seinen Zorn nicht zurückhalten können. Er hatte den Degen gezogen, und Fabrizio gezwungen, eben dasselbe zu thun. Das Glück hatte sich für Nuguez erklärt, er hatte seinem Gegner einen tödlichen Stoß beygebracht... Don Alonzo läßt seinen Bedienten nicht ausreden. — Unglücklicher, was gedenkst du zu thun? O mein Freund, ich halte es mir für eine Ehre, dir die-

diesen Namen vor dieser Versammlung geben zu können; das Verlangen mich zu rächen, gab dir die Waffen in die Hand; ich habe gewissermaſſen deinen Degen auf Fabrizios Bruſt geführt; ich muß also vor der Gerechtigkeit büßen. Mein theurer Gebieter, erwiedert Nuguez, Sie sollen mir diesen letzten Beweis meiner Liebe und meiner Pflicht nicht entziehen; mein Tod muß Ihnen beweisen, wie sehr ich Sie liebe. Ich habe ihren Brief erhalten, bin nach Liſſabon geeilt, die Thränen dieses Greises konnten mich nicht aufhalten... Er ist mein Vater, setzt er mit einem Strom von Zähren hinzu; er ist mein Vater! Die einzige Gnade, um welche ich sie flehe, ist, mit seinem Alter Mitleiden zu haben, und ihm die Unterſtützung zu gewähren, die er von mir erhalten haben würde. Was den Diebſtahl betrifft: so will ich mir die Mühe nicht geben, mich darüber zu rechtfertigen; Sie kennen mich! Wenn ich gleich arm und ein Bedienter bin: so wiſſen Sie doch, daß es mir nie möglich war, mich mit dergleichen Handlungen zu beflecken. Ich begrei-

fe

se nicht, wie dieser Diebstahl geschehen ist; alles, was ich sagen kann, ist dieß, daß ich mir nichts als Fabritius Tod vorzuwerfen habe; wenn dieses ein unverzeihliches Verbrechen ist: so eile man mit meiner Hinrichtung! Lieben Sie mich immer, mein Gebieter, und ihr, mein Vater, glaubt, daß der edelmüthige Don Alonzo sich bestreben werde, euch durch seine Wohlthaten meinen Verlust vergessen zu machen. Ich nehme einen Trost mit in mein Grab, nämlich, daß ihr, mein Vater, über mein Andenken nicht werdet erröthen dürfen; ich habe immer die Ehre geliebt.

Alle Anwesenden waren tief gerührt. Den Richtern selbst entwischten Thränen; die Natur kämpfte mit der Strenge der Gerechtigkeit; doch diese siegte über jene. Der unglückliche Nuguez wird in eben dasselbe Loch geführt, und angefesselt, in welchem Alonzo gewesen war.

Dieser achtungswürdige Mann wollte mit seinem Bedienten wieder in das Gefängniß zurückkehren, und seine Ketten mit ihm thei-

theilen. O Freund, sagte er zu ihm, indem er ihn begleitete, und mit seinen Thränen ihn benetzte; da du dein Schicksal vorher sehen konntest, warum bist du zurückgekommen? Warum ließest du mich nicht sterben? Ich hatte schon halb das Leben verlohren, fühlte mein Unglück nicht mehr. Ich hätte Sie sollen sterben lassen, antwortete Nuguez, da Sie nicht schuldig waren... und wenn Sie es gewesen wären, glauben Sie es, mein theurer Gebieter, daß ich mit Vergnügen Ihnen das Leben auf Kosten des meinigen erhalten würde! Trösten Sie nur meinen armen Vater, beschützen Sie ihn; so werde ich mit weniger Schmerzen sterben.

Don Alonzo versuchte alles nur mögliche, bot sein ganzes Vermögen, um seinen großmüthigen Bedienten von dem Tode zu erretten. Nichts konnte er erhalten; Nuguez wurde ohne Barmherzigkeit verurtheilt; er zeigte ziemlich viel Standhaftigkeit, als er zum Tode geführt wurde. Don Alonzo, der ihn mit dem unglücklichen sterbenden Vater begleitete, hielt Nuguez immer in seinen

Ar-

Armen, und rief: ach, meine Freunde, meine Freunde, rettet meinem armen Bedienten das Leben! laßt mich für ihn sterben! Ehe Nuguez auf das Blutgerüste stieg, umarmte er noch einmahl seinen Vater und seinen Gebieter, und behauptete noch immerfort, daß er an Fabrizios Beraubung keinen Theil habe. Man kann sagen, daß der Streich, welcher diesem verehrungswürdigen Bedienten das Leben nahm, auch Don Alonzo traf. Er fiel ohnmächtig zur Erde, wurde nach Hause gebracht, wo er einige Tage nachher aus Schmerzen starb, nachdem er vorher sein ganzes Vermögen dem Vater des unglücklichen Nuguez vermacht hatte. Man erfuhr hernach, daß Diebe in dem Augenblick in der Straße gewesen waren, als Fabrizio gefallen war, und daß diese die Brieftasche weggenommen hatten.

Das

Das Muſter der Bedienten.

Johann Voirey war aus Loushans, einem Burgundiſchen Städtchen gebürtig, und faſt als Kind in den Dienſt des Herrn C** eines der vornehmſten Bürger in dem Städtchen Loushans getreten, der nach ſeinem Stande ein ziemlich beträchtliches Vermögen hatte. Der Tod nimmt ihn weg; der wackere Bediente weint bitterlich, bedauert ihn wie einen guten Vater, den er verlohren hätte, und er denkt, ſich an ſeinem alten, guten Herrn, und an der ihm gewidmeten Dankbarkeit zu verſündigen, wenn er anderswo unterzukommen ſuchte. Alſo bleibt er bey dem jüngſten Sohne, der ſeine Einkünfte vermehrte. Dieſer ſchließt eine Eheverbindung weit über ſeine Erwartung; das Frauenzimmer, welches er geheirathet hatte, brachte ihm, nebſt Reichthume

me, einnehmende Schönheit, einen angenehmen und gebildeten Verstand, kurz solche Vorzüge zu, auf deren Vereinigung das Liebens- und Hochachtungswürdige einer Person beruht, die den Ehrennamen der Hausmutter würdig führen soll. Ihr Mann allzuglücklich, um sein Glück nicht zu mißbrauchen, wird saumselig in Beobachtung seiner Pflichten, ergibt sich allen den Lüsten, welche den Mißbrauch des Reichthums meistentheils begleiten; kurz, er läßt sich von dem betäubenden Gifte des Reichthums benebeln, wird gleichgültig gegen Frau und Kinder, und verwildert auf immer.

Der treue Bediente wird der Unordnung, in die sein Herr verfallen ist, leicht gewahr; erlaubt sich aber nur heimlich zu seufzen, und verrichtet seinen Dienst nicht minder eifrig und pünktlich. Wenn seine Kameraden in ungeziemende Reden ausbrechen wollten: so that er ihnen gleich Einhalt. — Sprecht mir ja nicht davon, ich bitte euch; ich diene dem Sohne des Herrn C** und er kann auf meine Ergebenheit und Treue

bis

bis an mein Ende Rechnung machen. Seine Frau, voll Kummer über die Unordnung, die zu traurige Fortgänge machte, unterliegt ihrem Gram; sie stirbt, von der Aussicht auf das Elend gequält, das ihren Kindern drohte. Der schätzbare Bediente sahe dieses traurige Bild eben auch vor sich.

Dieser Tod setzt den Voirey in Verzweifelung. Alles, was er vorausgesehen hatte, brach wie ein Ungewitter über diese unglückliche Familie los. Dürftigkeit und Noth eilten gleichsam, ihm ihre Verwundungen fühlen zu lassen. Die Anmerkung ist unnöthig, daß Voirey keinen Lohn bekam, und ihm unverhohlen seyn mußte, selbst ein Raub der schrecklichen Armuth zu werden. Er sieht seinen Herrn im Elende ohne Hülfe, ohne Rettung. Seiner verwerflichen Ausschweifungen uneingedenk, widmet er sich ihm noch emsiger. Von seinem vortreflichen Herzen in Bewegung gesetzt, ergreift er bald Mittel, den jämmerlichen Zustand zu lindern, in welchen die schlechte Aufführung eines Vaters eine sehr zu bedauernde Familie gestürzt hatte. Von der Stunde an ist Voirey kein Mensch mehr von gemeinem Schlage; er erhebt sich zum großen, bestrebsamen und wohlthätigen Geiste; ist bloß auf Hülfe für die Waisen bedacht, die von der erniedrigenden Noth gepreßt werden. Er eilt auf einen Fluß zu Seille genannt, der sehr reich an herrlichen Fischen ist, und angelt. So bald ihm sein gutes Glück einen Fang von einigem Werthe thun ließ: so lief er geschwind, und machte reichen Personen ein Geschenk mit demselben, von denen er wußte, daß sie wohlhabend und freygebig wären, und ihn über den Werth bezahlen würden. Darnach ging er vor Freuden außer sich, eben so eilfertig, und kaufte, was sein Herr und seine arme Familie nöthig hatten. Voirey trieb sein ihn belebendes, herrliches Gefühl noch weiter. Wenn er im Fischen nicht glücklich war, und ihm dadurch das Mittel fehlschlug, die täglichen und immer wiederkommenden Bedürfnisse zu bestreiten: so ging er zerlumpt und zerrissen vor den Thüren und auf der Gasse betteln; den Herrn C***

hin-

hingegen nebst seine Kinder versorgte er ihrem Stande gemäß.

Dieses Muster von Bedienten erlebt einen Unfall, der ihm bald das Leben gekostet hätte.. Sein verarmter Herr wird unversehens von einer Krankheit überrascht, und stirbt in seinen Armen. Voirey, der heiligen Pflicht stets getreu, die ihm seine Empfindsamkeit aufgelegt hatte, glaubte sich von seiner Obliegenheit — so nennte er seine unvergleichliche Ergebenheit — nicht entbunden.

Er widmet sich immerfort dem Geschäfte, die sechs Kinder, welche Herr C** in der äussersten Dürftigkeit hinterlassen hatte, zu versorgen.

Zuletzt habe ich, fährt der Herr Graf de la Rode fort, welcher den wesentlichen Stoff zu dieser Geschichte lieferte, diesen schäzbaren Greis schwächlich, taub, meistens blind, in einem Alter von fünf und siebenzig Jahren bittere Thränen über den Tod des Herrn, dessen Wohlthäter er war, vergiessen gesehen, und das Schicksal der

sechs

sechs armen Kinder beseufzen hören, weil ihm sein hohes Alter nicht mehr verstattete, ihnen noch so lange und so ersprießliche Dienste, als er wünschte, zu leisten. Der Fischfang trug nicht mehr hinlänglich ein, und ihm blieb zur Linderung ihres Elendes nichts weiter übrig, als die milden Gaben gutthätiger Leute. Die ungekünstelte Erzählung seiner Lebensumstände und seines Verhaltens vermehrt noch die Verwunderung; ich habe weinen müssen. Es ist schon schaudernd, aus eigener Noth die Leute anzusprechen. Aber welche Erhabenheit der Seele, welche Selbstverläugnung wird erfordert, sich der Schande des Bettelns und der Erniedrigung wegen eines Herrn auszusetzen, mit dem es ein Bedienter insgemein nur so lange hält, als er seinen Vortheil bey ihm findet.

Eben

Eben deſſelben Inhalts.

Ein alter Ritter des h. Ludewigs, der in das äuſſerſte Elend gerathen war, und alle Mittel, ſich wieder aufzuhelfen, erſchöpft ſah, erwählte ſich Paris zu ſeinem Zufluchtsorte, als einen Aufenthalt, an welchem er ſeinen Namen, ſeine Noth und ſeine Dürftigkeit deſto füglicher vor jedermann geheim zu halten hoffte. Er miethete ſich auf einem Hausboden ein, auf welchem er zu ſeiner ganzen Geräthſchaft nur ein Bund Stroh, zu ſeiner Kleidung nur einige elende Lumpen von ſeiner alten Uniform, zu ſeinem Umgange, und was ſoll ich noch ſagen? zu ſeinem Freunde nur einen alten Bedienten hatte, der ihm ſeit langer Zeit mehr aus Treue und Zuneigung als aus Eigennuz ergeben war.

Eines Tages ſagte dieſer unglückliche Kriegsmann, mit Thränen in den Augen, zu dem alleinigen Zeugen seines Schmerzens und zu dem einzigen Vertrauten seiner Noth. Lieber Freund, du siehst mein Elend, und theilest es mehr als zu lange mit mir. Der schreckliche und beugende Zustand, in welchem ich mich befinde, ist ohne Zweifel eine Strafe des Himmels für mein leichtsinniges und schlechtes Verhalten, für die unbesonnene Verschwendung, für die unüberlegten Ausschweifungen, für den unmäßigen Aufwand, und für die nichtswürdige Eitelkeit, deren ich mich schuldig gemacht habe. Ich kann als ein Opfer meines Unverstandes den grausamen Zähnen des Hungers nicht entgehen, und der Tod ist das Ziel meiner Schande und meiner Schmerzen. Die Ehre, du weißt es, als das einzige Gut, das mir noch übrig ist, gestattet mir nicht, zu den Mitteln zu schreiten, die bey vielen Leuten üblich sind, um mich aus der Dürftigkeit zu reißen. Sie sind in diesem Stücke glücklicher als ich; aber ich will lieber sterben, als mich zu der geringsten Niederträchtigkeit herablassen. Die Ehre ist, wenn sie mit dem Tode ins Hand-

ge-

gemenge kommt, einem Leben vorzuziehen, das meiner Lebensart und meinem Stande unanständig ist. Geh, lieber Freund, entferne dich auf immer von dem Unglücklichsten unter allen Menschen! Sieh dich nach glücklichern Diensten um! Ich werde es noch immer zu bedauern haben, daß ich deine Dienste nicht habe belohnen können. Geh' verlaß deinen unglücklichen Herrn! Möchte ich doch so sterben können, daß es kein Mensch in der Welt erführe, und ich nur den Himmel zum Zeugen meiner letzten Stunde hätte! — Ach, mein lieber Herr, rief dieser treue Diener aus, indem er zugleich in Thränen schwam, und ihm zu Fuße fiel, halten Sie mich für so niederträchtig, daß ich Sie in der Noth sollte verlassen können, da ich doch in ihrem vorigen Wohlergehen so viele Wohlthaten von Ihnen empfangen habe? Nein ich werde Sie durchaus nicht verlassen. Mein Fleiß, mein Eifer und meine unverbrüchliche Ergebenheit werden mir Mittel an die Hand geben, uns in unsrer gemeinschaftlichen Dürftigkeit zu helfen.

Wer

Wer sollte hier die Bewunderung und die Wehmuth dieses niedergeschlagenen Herrn abschildern können? Er umarmte diesen großmüthigen Bedienten liebreich, und sagte zu ihm: der Himmel hat noch nicht alle Pfeile seiner Ungnade an mir erschöpft. Möchte er dich doch für so edle Gesinnungen belohnen! Dieser Bediente nahm hierauf voller Freude und Vertrauen seine Zuflucht zu den Mitteln, die ihm sein Eifer und seine Zuneigung eingaben. Er brachte täglich, was er an öffentlichem Almosen empfangen hatte, und war niemahls mehr vergnügt, als wenn er seinem Herrn ein Glas Wein kaufen konnte. Lassen Sie uns die Vorsehung preisen, sagte er, wenn er bey ihm eintrat, sie ist uns heute günstig gewesen. Er suchte dabey durch die Erzählung des Seltsamsten, das er vernommen hatte, den kummervollen und schmerzhaften Zustand seines Herrn zu mildern. Aber an einem Tage... an einem unglücklichen Tage!... wurde dieser tugendhafte Bediente von der Polizey in Verhaft genommen. Seine Stärke, seine guten Gesundheitsumstände verur-

sach-

sachten, daß man ihn für einen von den
müßigen Leuten ansahe, die sich allerhand
Lastern ergeben, und dem Staate und der
Gesellschaft zur Last fallen. Man brachte
ihn zu dem Generallieutenant der Policey.
Diese obrigkeitliche Person verhörte ihn.
Der Bediente antwortete ihm, ohne aus
der Fassung zu kommen, mit der männli-
chen und edlen Dreistigkeit, die nur ein
Gewissen, daß sich keine Vorwürfe zu machen hat, einflößen kann. Er bat sich von
ihm zur Gnade aus, ihm die Gefälligkeit zu
erzeigen, und ihn insgeheim zu verhören,
indem er ihm ein wichtiges Geheimniß zu
entdecken hätte. Die obrigkeitliche Person
gab ihre Einwilligung dazu.

Ich zweifle nicht, sagte hierauf dieser
rechtschaffene junge Mensch, daß Sie mich
in Ihren Schutz nehmen werden, wenn ich
Ihnen von dem Bewegungsgrunde meines
Verhaltens werde Bericht erstattet haben.
Er gab hierauf von allem Nachricht, was
zwischen seinem Herrn und ihm vorging,
und wünschte, daß zur Bestättigung seiner

Auf-

Aufrichtigkeit jemand zu seinem Herrn gesendet würde, dessen Wohnung er anzeigte. Die obrigkeitliche Person schickte sogleich einen Gefreyten zu dem Offizier. Dieser fand in der That den unglücklichen Kriegsmann auf einem Bunde Stroh liegend. Was machen Sie hier, mein Herr? sagte der Gefreyte zu ihm — Meine traurigen Umstände und der grausame Zustand, in welchen ich mich versetzt sehe, erklären Ihnen die Ursache meines Elends und meiner äussersten Noth hinlänglich. Aber, setzte er mit Bestürzung hinzu, wollen Sie mir vielleicht ein neues Unglück ankündigen? Mein treuer Diener!... Ach wenn ich bitten darf, reden Sie, mein Herr, geben Sie mir von meinem Schicksale Nachricht. Ihr Bedienter, erwiederte der Gefreyte, befindet sich in Sicherheit; er wird längstens in einer Stunde wieder bey ihnen seyn, und ich will nur durch Ihr Zeugniß hinter die Wahrheit der Dinge kommen, die er bey seinem Verhöre ausgesagt hat. Seyn Sie ruhig, mein Herr, dieser treue Bediente wird Ihnen in Kurzem wieder zugegesendet werden. Der Gefreyte erstattete hierauf dem Policeylieutenant von allem Bericht; dieser redete mit dem Könige davon; und dieser wohlthätige Monarch ließ nicht nur dem Offizier, sondern auch dem tugendhaften Bedienten ein Gnadengehalt anweisen.

✣✣✣✣✣✣✣✣✣✣✣✣✣✣✣✣

Mifflin und Jacob.

Walter Mifflin, ein Amerikaner, und seiner Religion nach ein Quäcker, hatte von seinem Vater sieben und dreyßig alte und junge Sclaven geerbt. Eines Tages ließ er sie alle nach einander zu sich kommen. Er fragte einen darunter: Freund Jacob, wie alt bist du? — Neun und zwanzig Jahre. — Du hättest mit dem ein und zwanzigsten frey seyn sollen; aber du sollst es heute werden, und ich gebe dir das Geld, welches du in diesen acht Jahren durch deine Arbeit verdient hättest, in der Summe von 2295 Livres.

Jetzt

Jetzt bist du also frey wie ich, mein Jacob, du hast keinen andern Herrn mehr als Gott und die Gesetze. Geh in das andre Zimmer, dort ist meine Frau und mein Vater; die schreiben dir deinen Freyheitsbrief. Wenn ich ihn nun gesiegelt und unterschrieben habe, so trage ihn zu dem Gericht, daß er eingeschrieben wird. Gott segne dich Jacob; sey rechtschaffen und arbeitsam. Wenn dir Unglück oder Beschwerden aufstoßen: so erinnere dich, daß du an Walter Miflin einen Freund hast, der dir helfen wird. — Jacob, erstaunt und gerührt, bricht in Thränen aus, und wird bis zu Zuckungen bewegt, als ob ihm das größte Elend angekündigt würde. O, mein Herr, rief er, nachdem er einige Minuten stumm da gestanden hatte, was soll ich mit meiner Freyheit machen? Ich bin unter eurem Dache gebohren, und fand da immer, was ich nöthig hatte. Auf dem Felde habt ihr mit mir gearbeitet als ob ich zu eurer Familie gehörte; auch genoß ich einerley Speise, und hatte eben dieselbe Kleidung wie ihr. Ich durfte nicht zu Fuß in die weit entlegene Kirche ge-

gehen. Der Sonntag war für uns; es mangelte uns an nichts. Wenn wir krank waren: so kam unsre gute Frau an unser Bette, tröstete uns, und sprach uns Muth ein. Jacob, guter Jacob, sagte sie dann, was fehlt dir? Fürchte nichts, der Arzt kommt bald, und ich will auch Sorge für dich tragen. Sey indessen gedultig; dieß ist das erste Hülfsmittel. — Ach, was soll ich thun, guter lieber Herr, wenn ich nun frey seyn werde? Wie wird mirs gehen, wenn ich krank bin! — — Du mußt es machen wie die Weißen, sagte der ehrliche Mißin. Du mußt dich bey demjenigen zur Arbeit verdingen, welcher dich am besten bezahlt. In einigen Jahren kaufst du dir alsdann ein Stück Land, nimmst eine gute fleißige Mohrinn, wie du bist, zur Frau, und erziehst deine Kinder, wie ich dich erzog, in der Furcht Gottes und in der Liebe zur Arbeit; und wenn du dann frey und ruhig gelebt hast, so stirbst du in Frieden. Du mußt deine Freyheit annehmen, Jacob, ich hätte sie dir schon lange geben sollen. Wollte Gott, der Pater

ter aller Menschen, daß die Weißen niemahls deine africanischen Brüder gekauft
hätten, und möchte er doch allen Amerika-
nern unsere Gesinnungen einflößen! Wir
schätzen die Freyheit als das höchste Gut,
und wollen sie doch unsern Brüdern versagen.

O, mein Herr, rief der Mohr unter
beständigem Schluchzen, wie gut seyd ihr!
Einen so gütigen Herrn kann ich nicht verlassen! Ihr habt mich nie als einen Sclaven behandelt; ihr habt mit mir gesprochen
wie mit den Weißen; es hat mir in gesun-
den und kranken Tagen an nichts gefehlt;
ich habe nie mehr gearbeitet, als unsere
Nachbarn, die für sich selbst ackern; ich bin
reicher gewesen, als manche Weiße, denen
ich Geld geliehen habe. Unsre gute Frau
befiehlt niemahls; sie sagt: Jacob, ich möchte, daß du das thätest! — O, wie kann
ich Euch und sie verlassen! Gebt mir des
Jahrs was ihr wollt, als einem Sclaven
oder als einem freyen Mann, es ist mir
eins, wenn ich nur bey euch bin, weil
ich

ich sonst nirgends glücklich seyn kann. — Lieber Jacob, sagte Mißin, ich bewillige deinen Wunsch. So bald deine Freyheit nach der Ordnung versichert ist, so will ich dich auf ein Jahr dingen; aber nimm jetzt eine freye Woche, und feyre diese wichtige Begebenheit deines Lebens durch Ruhe und Freude, wie du willst. — Nein, mein Herr, antwortete Jacob; wir haben die Saatzeit; ich will einen andern Tag zu diesem Feste nehmen. Weil ihr es wollt, so nehme ich die Freyheit an. Aber laßt die erste Handlung, die ich als freyer Mann verrichte, diese seyn, daß ich die Hand meines Herrn zwischen meine Hände drücke, daß ich sie auf mein Herz lege, in welchem die Liebe und Dankbarkeit Jacobs nie aufhören wird, so lange es schlägt; — und meine zweyte Handlung sey die Versicherung, daß die ganze Grafschaft Kent keinen bessern und fleißigern Arbeiter haben soll, als euren treuen Jacob.

Leser, welch ein Gemählde! Wer kann diesen gerechten, liebreichen, zärtlichen

O Herrn

Herrn ansehen, ohne ihn zu verehren; und jenen unschuldigen, treuen Sclaven, ohne ihn an das Herz zu drücken! Wie hoch wird einst deine Brust schwellen, vortreflicher Mislin, wenn dort am Richterstuhle des Herrn dein Jacob dir das Zeugniß geben wird: dieser war mein Herr und mein Vater, mein Gebieter und mein Freund! Und du, Sclave mit der Engelseele! lehre du alle, die einst andern dienen wollen, deine Aufrichtigkeit, deine fromme Treue, deine herzliche Zärtlichkeit; damit du, wenn du einst zu deines Gleichen, zu den Engeln gehest, ihrer viele neben dir erblickest, die dir ähnlich waren. Aber ihr, die ihr nie bedachtet, daß ihr auch einen Herrn im Himmel habt, Tyrannen eurer Diener, sehet, wenn euere Hausgenossen hungrig für euch wachen müssen, indeß euer mit Neckerbissen gesättigter Hund neben euch auf Seide schnarcht, sehet auf dies Gemählde, und lernet, daß ihr — Menschen seyd!

Geschichte der stolzen Elisa.

In der Stadt Athen befand sich ein junges Frauenzimmer, Namens Elisa, welches von einer sehr stolzen Gemüthsart war. Sie hatte eine große Anzahl Sclaven, die sie zu den unglücklichsten Menschen von der Welt machte. Sie schlug sie, schimpfte sie, und wenn vernünftige Personen zu ihr sagten, es wäre unrecht, daß sie so übel mit ihnen umginge, so antwortete sie: diese Creaturen sind deswegen da, um sich nach meinem Kopfe zu richten, und meine Laune zu ertragen; deswegen habe ich sie gekauft, deswegen ernähre ich sie, deswegen kleide ich sie. Sie sind glücklich genug, daß sie ihr Brod bey mir finden.

Dieses böse Frauenzimmer hatte unter andern ein Kammermädchen, welches Mira hieß, und welches immer der Gegenstand ihrer übeln

übeln Laune und ihrer Quälsucht seyn mußte. Indessen war doch Mira die beste Person, und ungeachtet des übeln Verfahrens der Elisa mit ihr, war sie ihr sehr zugethan, entschuldigte ihre Fehler so viel sie konnte, und hätte gern ihr Blut für sie hingegeben, wenn sie sie nur hätte vernünftiger machen können.

Elisa hatte eine Reise zur See zu thun, und weil es einer dringenden Angelegenheit wegen geschah, und sie nicht lange ausbleiben wollte: so nahm sie nur ihr Kammermädchen mit sich. Kaum waren sie auf der offenbaren See, als sich ein großer Sturm erhob, und das Schiff von seiner Fahrt verschlug. Nachdem sie viele Tage auf dem Meere herumgeschweift hatten, so wurden diejenigen, die das Schiff führten, eine Insel gewahr. Weil sie nicht wußten, wo sie waren, und auch keine Lebensmittel mehr hatten: so mußten sie daselbst anlanden. Bey dem Einlaufen in den Hafen kam ihnen eine Schaluppe entgegen; und diejenigen, die in dieser Schaluppe waren, frag-

fragten alle Leute auf dem Schiffe, wie sie hießen, und wes Standes sie seyen. Die hochmüthige Elisa ließ die Titel ihrer Familie aufschreiben, und sie nahmen mehr als eine Seite ein. Sie glaubte, dieses würde die Leute nöthigen, sie zu verehren. Sie erstaunte aber, als sie sahe, daß sie ihr den Rücken zuwandten, ohne ihr eine Höflichkeit zu erweisen. Sie erstaunte noch mehr, als ihre Sclavin ihren Namen und Stand gesagt hatte; denn sogleich erwiesen ihr diese Leute alle Arten von Ehrerbietung, und sagten zu ihr: sie könne in dem Schiffe befehlen, als wenn es ihr eigen wäre.

Diese Rede machte die Elisa ungeduldig. Sie sagte zu ihrem Kammermädchen: ihr seyd doch sehr unverschämt, daß ihr den Reden dieser Leute Gehör gebet. — Sachte, sachte, Fräulein, sagte der Oberste in der Schaluppe zu ihr. Sie sind nicht mehr zu Athen. Sie müssen wissen, daß sich vor dreyhundert Jahren ungefähr dreyhundert Sclaven, welche durch die üble Begegnung ihrer Herren zur Verzweiflung gebracht worden

den waren, in diese Insel geflüchtet haben. Sie haben daselbst eine Republik gestiftet, worin alle Menschen einander gleich sind. Sie haben aber ein Gesetz gemacht, welchem Sie sich gutwillig oder mit Gewalt unterwerfen müssen. Damit die Herrschaften empfinden möchten, wie ungerecht sie gethan haben, daß sie die Gewalt mißbrauchten, die sie über ihr Gesinde hatten: so haben sie dieselben verurtheilt, daß sie nun auch ihrer Seits Sclaven seyn sollten. Diejenigen, welche mit guter Art gehorchen, können sich Hoffnung machen, daß man ihnen die Freyheit wieder geben werde. Diejenigen aber, welche sich weigern, sich unsern Gesetzen zu unterwerfen, sind Lebenslang Sclaven. Ich gebe Ihnen diesen ganzen Tag Zeit, damit Sie sich beklagen und zu ihrem Schicksale gewöhnen können. Wofern Sie aber Morgen das geringste Murren hören lassen: so sind Sie auf immer eine Sclavinn.

Elisa machte sich die Erlaubniß zu Nutzen, und spie tausenderley Schimpfworte wwider diese Insel und ihre Einwohner aus. Mira aber bediente sich eines Augenblickes, wo Niemand Acht auf sie hatte, warf sich zu ihren Füßen und sagte zu ihr: Trösten Sie sich, gnädiges Fräulein; ich werde Ihr Unglück nicht mißbrauchen, sondern sie stets als meine Herrschaft verehren.

Das arme Mädchen dachte so, wie sie es sagte. Allein es wußte die Gesetze des Landes noch nicht. Den andern Morgen ließ man sie, nebst ihrer Herrschaft, die nun Sclavinn geworden war, vor den Rath kommen. Mira, sagte der Oberste zu ihr, man muß Sie von unsern Gebräuchen unterrichten. Merken Sie sich wohl, daß, wenn Sie diese unterlassen, es ihrer Sclavinn Elisa das Leben kosten wird. Besinnen Sie sich treulich auf die Aufführung, welche Elisa gegen Sie in Athen beobachtet hat. Sie müssen ihr acht Tage lang eben so begegnen, wie sie Ihnen begegnet ist. Dieß müssen Sie jetzt gleich beschwören. Nach Verlauf der acht Tage wird es in Ihrer Macht und Gewalt stehen, ihr so zu begegnen,

nen, wie es Ihnen beliebt. Und ihr, Elisa, erinnert euch, daß der geringste Ungehorsam euch auf eure Lebenszeit zur Sclavinn machen wird.

Auf diese Worte fingen Mira und Elisa an zu weinen. Mira warf sich selbst dem Rathe zu Füßen, und beschwur ihn, er möchte ihr den Eid erlassen; denn setzte sie hinzu, ich werde vor Schmerz sterben, wenn ich ihn halten muß.

Stehen Sie auf, sagte der Rath zur Mira, das Geschöpf da hat Ihnen also auf eine entsetzliche Art mitgespielt, weil Sie zittern und beben, daß Sie ihr nachahmen sollen. Ich wollte wünschen, daß mir das Gesetz erlaubte, Ihnen dasjenige zu bewilligen, was Sie von mir verlangen; allein das ist nicht möglich. Alles, was ich für Sie thun kann, ist, daß ich die Prüfung verkürze, und sie nur auf vier Tage setze; sagen Sie mir aber nichts weiter dagegen. Denn wenn Sie ein Wort sagen, so müssen Sie die ganze Zeit aushalten.

Mira

Mira legte also den Eid ab, und man kündigte es Elisen an, daß ihr Dienst Morgen angehen sollte. Man schickte zwey Frauen zur Mira, die alle ihre Worte, und alles, was sie diese vier Tage über thun würde, aufschreiben sollten. Da Elisa sahe, daß es eine Nothwendigkeit war, so nahm sie als eine verständige Person ihre Parthey: denn ihres Hochmuths ungeachtet hatte sie doch sehr viel Verstand. Sie entschloß sich also, in ihrem Dienste so genau und sorgfältig zu seyn, daß Mira keine Gelegenheit haben sollte, ihr übel zu begegnen. Sie erinnerte sich aber nicht, daß dieses ehemalige Kammermädchen ihre Grillen und ihre üble Laune nachahmen sollte.

Denn folgenden Morgen klingelte Mira, und Elisa lief so geschwinde nach ihrem Bette daß sie hätte dem Hals brechen mögen. Allein, das half ihr nichts. Mira sagte mit einem verdrießlichen Tone zu ihr: Was mag doch die Strunze wohl zu thun haben? Allezeit kommt sie eine Viertelstunde nachher, wenn ich klingele.

Ich verſichere Sie, gnädiges Fräulein, antwortete Eliſa, ich habe alles ſtehen und liegen laſſen, ſo bald ich ſie gehört habe.

Haltet das Maul, brumte Mira, ihr ſeyd ein unverſchämtes Menſch, und wollet allezeit etwas einzuwenden haben; und es ſchickt ſich doch immer, wie die Fauſt auf das Auge. Gebet mir meinen Rock; ich will aufſtehen.

Eliſa hohlte mit Seufzen den Rock, welchen Mira den Tag vorher angehabt hatte, und brachte ihr denſelben. Allein Mira warf ihr ihn an den Kopf, und ſagte: das Menſch iſt doch wie ein Ochs; man muß ihr auch alles ſagen: Solltet ihr nicht wiſſen, daß ich heute meinen blauen Rock anziehen will?

Eliſa ſeufzte wieder, ſagte aber kein Wörtchen dazu. Sie erinnerte ſich gar wohl, daß zu Athen die arme Mira ihre Grillen und Einfälle errathen mußte, wenn ſie nicht ausgeſcholten ſeyn wollte. Als ihre Herrſchaft angekleidet war, und ſie ihr bey dem Frühſtücke aufgewartet

tet hatte, so ging sie hinunter, damit sie
auch frühstücken könnte. Kaum aber hatte
sie sich niedergesetzt, so wurde geklingelt.
Dieß geschah mehr als zehn mal in einer
Stunde, und geschah um Kleinigkeiten hal,
ber, daß Mira sie herauf kommen ließ.
Bald hatte sie ihr Schnupftuch in einem
andern Zimmer liegen lassen; zur andern
Zeit sollte sie dem Hunde die Thüre auf,
machen und ihn hinaus lassen, und stets
waren es Dinge von dergleichen Wichtig,
keit. Indessen mußte sie doch zwey große
Treppen auf, und ablaufen, so daß die ar,
me Elisa sich vor Müdigkeit auf keinem Bei,
ne mehr halten konnte. Endlich sagte sie
bey sich selbst: ach, die arme Mira hat doch
viel bey mir auszustehen gehabt; denn sie
mußte diese Lebensart alle Tage wieder an,
fangen.

Um zwey Uhr kündigte ihr Mira an,
sie wolle in die Komödie fahren, und der
Kopf müßte ihr zurecht gemacht werden.
Sie sagte zu Elisen, sie wollte, ihre Haare
sollten ihr heute in große Locken geleget wer,
den

den; darauf fand sie aber, daß sie einen
gar zu dicken Kopf bekäme. Sie ließ also
diese Frisur wieder ausmachen, und eine
andre vornehmen; dieß dauerte bis um sechs
Uhr, wo es Zeit war auszufahren. Elisa
war gezwungen, bis dahin immer zu stehen
und wurde dabey noch wohl tausendmal
angefahren. Sie war ein dummer Ochs, ein
rechter Tölpel, ein ungeschicktes Mensch,
die das Geld nicht verdiente, was sie kostete.

Mira kam erst um zwey Uhr des Nachts
wieder nach Hause, weil sie in der Stadt
gespeiset hatte, und kam sehr übel aufge-
räumt nach Hause, weil sie ihr Geld ver-
spielt hatte. Sie rächte sich deswegen an
ihrem Kammermädchen, mit dem sie zu
zanken Ursache suchte; nnd da ihr dieses bey
dem Abnehmen des Kopfs die Haare von
ungefähr ein wenig raufte, so gab sie ihr
eine Maulschelle. Bald wäre Elisen die
Geduld vergangen; sie erinnerte sich aber,
daß sie ihrer Mira mehr als zehn gegeben
hatte; und dieses Andenken machte, daß sie
stille schwieg.

Ich

Ich will Morgen um zehn Uhr ausgehen, und mein Spitzenkopfzeug aufsetzen, sagte Mira zur Elisa.

Es ist nicht weiß, antwortete das Kammermädchen, und Sie wissen, daß ich fünf Stunden brauche, es zu waschen.

Gnädiges Fräulein sagten die beyden Frauen von der Insel zur Mira, denken Sie doch daran, daß das arme Mädchen auch schlafen muß.

Sie wird wohl recht krank davon werden, wenn sie einmal eine Nacht aufbleibt, antwortete Mira; sie ist ja dazu gemacht.

Ach, sagte Elisa bey sich selbst, ich habe sie wohl mehr als zwanzig Mahl meiner närrischen Einfälle wegen die ganze Nacht aufbleiben lassen.

Mira wiederhohlte die vier Tage über alle Thorheiten ihrer Herrschaft so gut, daß Elisa die Härte ihres Verfahrens begriff, und gar wohl sahe, daß sie mit diesem Mädchen barbarisch umgegangen war. Sie war so abgemattet, daß sie krank wurde,

als

als die vier Tage geendiget waren. Mira ließ sie in ihr Bett legen, trug ihr selbst Suppen und Herzstärkende Brühen zu, und bediente sie mit eben der Sorgfalt, als da sie noch in Athen war. Elisa aber nahm ihre Dienste nicht mehr mit dem Hochmuthe an. Sie war über das gute Herz ihrer Sclavinn so beschämt, daß sie es sich gern gefallen ließ, die ihrige auf ihre ganze Lebenszeit zu seyn, um alle die Fehler wieder gut zu machen, welche sie gegen Mira begangen hatte.

Ich habe vergessen zu sagen, daß man auf dem Schiffe, auf welchem Elisa gewesen war, noch mehrere Herren und Damen aus Athen gefangen genommen hatte; weil aber diese Leute nicht von ihrem Stande waren, so kannte sie solche auch nicht, oder hatte sich auch nicht um sie bekümmert. Nach Verlauf eines Monats ließ man sie alle zusammen kommen, und die Richter, welche darzu ernannt waren, untersuchten ihre Aufführung und fragten die zu Sclaven gewordenen Damen zuerst, damit sie hörten,

wie

wie sie sich in ihrem neuen Zustande befänden. Sie gestanden alle mit Seufzen, es wäre sehr hart für sie, denienigen unterthänig zu seyn, welchen sie befehlen sollten.

Und warum das? fragten sie die Richter; glaubet ihr denn berechtigt zu seyn, euren Sclaven zu befehlen? Hat die Natur zwischen euch und ihnen einen wirklichen Unterschied gemacht? Das würdet ihr euch wohl nicht zu sagen getrauen. Der Sclav, der Bediente und der Herr stammen von einerley Vater her; und wenn sie der Himmel in verschiedene Umstände gesezet hat, so hat er damit nicht gewollt, daß die einen in ihren Augen mehr seyn sollten als die andern. Die Tugend richtet die Rangordnung vor dem Angesichte der göttlichen Weisheit ein; dieß ist das einzige Recht, worauf sie achtet; und damit sie die Ausübung aller Tugenden erleichtern möchte, so hat sie die verschiedenen Stände erlaubet. Der Sclav muß sich durch seine Ergebenheit gegen seinen Herrn, durch seine Treue durch seine Liebe zur

Ar-

Arbeit hervor thun. Die Herren müssen durch ihre Sanftmuth, durch ihre Barmherzigkeit dasjenige mildern, was der Sclavenstand hartes an sich hat, und die Sclaven müssen durch ihre Zuneigung, durch ihren Gehorsam und Eifer ihren Herren die Gütigkeiten bezahlen, welche sie für sie haben. Ihr habt beyde Stände versucht, sagte der Richter zu den Herrschaften, welche Sclaven geworden waren. Dieses diene euch zur Lehre, wenn ihr wieder nach Athen gekommen seyn werdet. Begegnet eurem Gesinde niemahls anders, als ihr würdet gewünschet haben, daß man euch in der Zeit hätte begegnen mögen, da ihr hier gewesen seyd.

Darauf wandte sich der Richter zu den Sclaven, welche Herrschaften geworden waren, und sagte zu ihnen: Das Gesetz erlaubet euch, euren Sclaven die Freyheit wieder zu geben; es zwingt euch aber nicht dazu. Ihr könnet sie wieder nach Athen schicken; ihr könnet auch selbst wieder mit ihnen dahin gehen, wenn ihr wollt. Alle dies diejenigen, welche ihren alten Herren die Freyheit wieder geben wollen, kommen hieher, und schreiben ihren Namen in dieses Buch.

Der Richter hoffte von Mira, sie würde die erste seyn, die ihren Fräulein die Freyheit wiedergebe. Allein, sie blieb an ihrer Stelle, so wie noch eine andere Frauensperson und ein junger Mensch, der die schönste Gesichtsbildung von der Welt hatte. Man fragte diese Frauensperson, warum sie ihrer Frau, die ein gutes altes Mütterchen war, die Freyheit nicht wiedergäbe? Darum antwortete sie, weil ich zwanzig Jahr ihre Sclavinn gewesen bin, und es also billig ist, daß ich mich auch so viele Jahre lang räche. Ich bin des Gehorchens müde, und will nun auch meiner Seits das Vergnügen zu befehlen noch länger genießen. Die Sclavinn hieß Belise.

In dem Augenblick trat der junge Mensch hinzu, der eine so schöne Gesichts-

P bil-

bildung hatte, und Zeno hieß. Ich bin nicht hergekommen, sagte er zu dem Richter, die Urkunde zur Freyheit meines Herrn zu unterzeichnen, weil er in dem Augenblicke, da ich die Freyheit erhielt, ihn nach meinem Willen zu behandeln, aufgehört hat, ein Sclave zu seyn. Ich bitte ihm sehr um Verzeihung, daß ich genöthiget war, ihm acht Tage lang übel zu begegnen. Das Gesetz befahl mir, das üble Bezeigen nachzuahmen, welches er gegen mich beobachtet hat; ich versichere sie aber daß ich mehr dabey ausgestanden habe als er. Sie können ihn nach Athen reisen lassen; ich erbiete mich, mit ihm zu reisen, und ihm mein ganzes Leben hindurch zu dienen, wenn er es verlangt. Denn kurz, er hat mich gekauft, ich gehöre ihm zu, und ich glaube nicht, daß ich mich mit Ehren und Gewissen eines Zufalls bedienen kann, der mir die Freyheit wieder gibt, ohne ihm das Geld wieder zu geben, wofür er mich gekauft hat.

Die-

Dieser junge Mensch hat für mich geantwortet, sagte Mira; seine Geschichte ist
die meinige, schicken Sie uns geschwinde
wieder nach Athen. Das Herz sagt es mir,
daß ich daselbst glücklicher seyn werde; denn
ich betrüge mich sehr, oder meine liebe Herrschaft, die meine Zuneigung erkannt hat,
wird mir mit mehr Sanftmuth und Gelin-
digkeit begegnen als vorher.

Elisa fiel ihrer Sclavinn in das Wort,
und sagte zu dem Richter: daß ich nicht
eher redete, rührt davon her, weil mir
Scham und Verwirrung die Zunge gebunden haben. Dieses arme Mädchen ist werth,
daß sie Zeit Lebens meine Frau sey, und ich
sollte Zeit Lebens ihre Sclavinn seyn. Ich
hatte bisher geglaubt, ich sey von einer
ganz andern Art als sie, und ich hatte mich
auch nicht ganz geirret. Ich hatte vor ihr
großen Namen, Reichthum, Stolz, Härte
voraus; sie hatte ein gutes Herz, Geduld,
Leutseligkeit, Großmuth vor mir voraus.

P 2 Was

Was würde ich geworden seyn, wenn sie nur meine Vorzüge gehabt hätte? Ich erkenne also mit Vergnügen, daß sie höher und besser ist, als ich. Indessen nehme ich doch die Freyheit an, die sie mir wieder gegeben hat, und ich danke ihr, daß sie wieder mit mir nach Athen reisen will. Denn da werde ich erst Gelegenheit haben, ihr meine Erkenntlichkeit dadurch zu bezeigen, daß ich mein Vermögen mit ihr theile, und sie als eine ehrwürdige Freundin ansehe, deren Rathschläge ich folgen, und deren Beyspiel ich nachzuahmen mich bemühen werde.

Zenos Herr, welcher noch nicht geredet hatte, kam nunmehr auch heran. Er hieß Zenokrates, und wandte sich an die Richter, zu denen er sagte: ich bin eben so beschämt und verwirrt als Elisa. Ich habe so wie sie einen Sclaven übel gehalten, der durch seine edeln Empfindungen und Gedanken weit über mich erhaben war. Ich habe auch so, wie sie, meine üble Aufführung

rung aufrichtig bereuet, und ich will so wie sie, es dadurch wieder gut machen, daß ich meinem Zeno das glücklichste Schicksal verschaffe.

Der Richter wandte sich hierauf an die ganze Versammlung, und sprach folgendes Urtheil: Die Sclavinn, welche kein Mitleiden mit dem Zustande ihrer alten Frau gehabt hat, denket und fühlet nur wie eine Sclavinn; wir verurtheilen sie also, die Zeit ihres Lebens in der Sclaverey zu bleiben. Das ist der Stand, der sich für ihr niederträchtiges Herz schicket. Wir ermahnen ihre Frau aber, daß sie die Gewalt nicht mißbrauche, die wir ihr über sie geben; denn sonst würde sie eben so verächtlich werden, als dieses Geschöpf. Diejenigen, welche ihre Herrschaften wieder nach Athen schicken, und in unsrer Insel zurück bleiben wollen, mögen da bleiben. Allein unter verschiedenen Umständen. Unter ihnen finden sich zwey, die ihren Herren übel begegnet sind, nachdem die acht

Tage der Prüfung vergangen waren. Diese bende sollen hier Sclaven bleiben; denn ein jeder Mensch, dem es an Leutseligkeit und Sanftmuth fehlt, ist ohne Empfindung gebohren, und muß mit Recht in dem niedrigsten Stande bleiben; er ist dazu gemacht, und verdient nur diesen Stand. Die andern, welche ihre Herren gut gehalten haben, und so, wie sie gewollt, daß man sie selbst halten möchte, nehmen wir unter unsere Bürger auf. Was Mira und Zeno betrifft, so ist ihre Tugend über unsere Lobsprüche und unsere Belohnungen erhaben. Wenn sie auch ihr ganzes Leben lang Sclaven bleiben sollten: so erheben sie doch ihre edlen Empfindungen über Könige. Wir überlassen sie also der göttlichen Vorsehung, und wollen ihr Schicksal nicht bestimmen; sie mögen mit Elisen und Zenokrates wieder nach Athen gehen. Sie sind würdig, Herrschaften zu seyn. Sie mögen es nun werden oder nicht, so werden sie doch stets die ehrwürdigsten unter allen Sterblichen seyn, und denjenigen Stand ehren, worein sie der Himmel setzen wird.

Elisa und Zenokrates dankten vor ihrer Abreise den Einwohnern der Insel sehr, und sagten ihnen, sie würden niemahls die Lehren der Menschlichkeit vergessen, die sie bey ihnen erhalten hätten. Während der Reise, die sie wieder nach Athen zurück machten, wurden Zenokrates und Zeno von den guten Eigenschaften, die sie an Elisa und ●ira kennen gelernt hatten, so gerührt, daß sie ihnen Anträge zur Ehe thaten. Diese wurden geneigt angenommen, und bey ihrer Ankunft in Athen machten sie Hochzeit. Weil aber diese beyden treuen Sclaven sich nicht von ihren Herrschaften trennen wollten, ob sie gleich ihre Freyheit erhalten hatten: so wurde ihnen die Verwaltung ihres ganzen Hauses aufgetragen; und sie besorgten alles mit einem Eifer und mit einer Treue, die allen denjenigen zum Beyspiele dienen können, welche die göttliche Vorsehung in die Knechtschaft gesetzet hat. Der Herr und die Frau vergaßen aber auch niemahls ihre Tugenden und ihre Treue, und begegneten ihnen als Freunden, die ihr Vertrauen, und sogar ihre Hochachtung verdienten.

Ueber-

Ueberhebe dich nie deines Ansehens, deiner Macht ꝛc.
und
mißbrauche deinen Stand nicht zu Ungerechtigkeiten.

Auf einer Insel, ich weiß nicht mehr, wie sie hieß, wohnete ein vornehmer Mann, dessen ganzes Verdienst aber bloß in seinen Ahnen, und in einem ehrwürdigen Namen bestand, den er, so wie einen großen Reichthume, von seinen Voreltern geerbt hatte, die sich beydes durch herrliche Thaten, Verstand, Weisheit, Künste, und nützliche Wissenschaften erworben hatten. Stolz auf diese Vorzüge suchte er seinen ganzen Ruhm bloß in Hochmuth und Müßiggang, dem er sich nur alsdann entzog, wenn er sich manchmahl Ergözlichkeiten überließ, die ihm seine Reichthümer verschafften. Die Jagd und Fischerey waren nebst Schwelgen und Schmausen seine Lieblingsvergnügungen; und er kehrte immer von einem zum andern zurück.

Zwischen seinem Schlosse und dem Meere war ein niedriges und morastiges Stück Land, mit Binsen und Schilf bewachsen, und mit einer dichten Hecke von Weiden besetzt. Dieß gehörte einem armen Einwohner Tayo genannt, der die Materialien zu seinem Handwerke, (er war ein Korbmacher) daraus nahm. Onotama (so hieß der vornehme Herr) konnte nicht an das Ufer des Meeres ohne einen Umweg kommen, indem dieß Stückchen Land ihm im Weg lag, und wenn er jagte, gieng das Wild immer in das Schilf, wo er nicht hinzu kommen konnte. Diese Hindernisse zu heben; drang er in den Tayo, ihm das für ihn so unentbehrliche Stücken wovon er lebte, abzutretten. Dieß aber war eben die Ursache, warum er es ihm verweigerte. Onotama über den Widerstand, den ein

ein schlechter Kerl gegen einen Mann von seinem Range und Vermögen zeigte, äußerst aufgebracht, brach in heftige Drohungen aus. Ein Zufall, der einem seiner Lieblingsfreunde wiederfuhr, der bey Verfolgung des Wildes in das Schilf sich eine Pfote vertreten hatte, brachte ihn vollens so auf, daß er auf schleunige Rache bedacht war. Zum Unglück erhob sich ein großer Wind; Onostama ließ das Schilf und die Weidenpflanzung in Brand stecken, der sie bald mit samt der Hütte in Aschen verwandelte.

Der unglückliche Tayo wollte ihm das Elend, worein er dadurch versetzt werden war, vorstellen; zog sich aber Schläge und andere üble Behandlungen zu.

Tayo wußte zur äußersten Armuth gebracht, sich nicht anders zu helfen, als daß er in die Residenz gieng, und sich beym König, beschwerte. Dieser ein sehr gerechter Fürst bey welchem das Ansehen der Person nichts galt, und der den geringsten seiner Unterthanen, so wie den größten schützte, und ihm zu seinem Rechte verhalf, ließ den

Ono,

Onotama hohlen, der sich erklärte, daß er nichts gethan, als was einem solchen Kerl gehörte; indem er die Ehrfurcht gegen einen Mann, wie er sey, ganz aus den Augen gesetzt habe Einem Mann wie Sie? versetzte der König. Welcher Unterschid ist zwischen ihm und dem Großvater ihres Aeltervaters, der zur Belohnung seines Muthes und seiner Treue von seinem Fürsten aus dem Staube gezogen, und in den Adelstand erhoben wurde, als er ihn einst von einer Lebensgefahr, mit Gefahr seines eigenen Lebens entriß? Denn er war ein armer Holzhauer, und doch edler als Sie jetzt, indem ihm sein Verdienst seinen Titel verschaffte. Er war der erste ihrer Vorfahren, und Sie haben bloß den Namen von ihm. Mit Unwillen sehe ich, fuhr der Monarch fort, daß ein Mann von ihrem Range, der seinem Verstand durch richtige Begriffe sollte aufgeklärt haben, nicht weiß, daß Stand und Rang nur deswegen von niedriger Handarbeit frey spricht, damit man seinen Kopf, sein Herz und seine Hände zum Schutze der Niedrigen, Armen

men und Unterdrückten brauchen möge. — Diese Worte brachten den Unbesonnenen Onotama in die größte Wuth. — „Solche „Grundsätze, sagte er, sollten aus dem „Munde eines Königs kommen? Wenn das „der Pöbel hörte: so würde alle Ehrerbie„tung wegfallen. —„

Der König sagte mit einem verächtlichen Lächeln: „Mit einem gedankenlosen „Mann läßt sich nicht reden. Ein so stol„zer Mann muß die Bestrafung in seinem „Stolze finden.„ Ehe sich also Ontotama versahe, ließ er ihn, so wie seinen Gegner, durch den Befehlshaber seiner Schiffe wegnehmen, und beyde in einer entfernten Insel an einer barbarischen Küste aussetzen.

Sie langten Abends daselbst an. Das ganze Ufer war mit Schilf und Biesen bedeckt. Der gnädige Herr verbarg sich voller Zorn und Unwillen vor seinen Gefährten darin, und wollte nicht eher zum Vorschein kommen, als bis Tayo weg wäre; denn da sie beyde unbewaffnet waren, so fühlte er schon seine Schwäche, und jenes

Ueber-

Ueberlegenheit, wenn sie handgemein werden sollten. Tayo, der eine gelassene ruhige Seele besaß, bekümmerte sich nicht weiter um ihn, sondern machte sich gleich vom Schilf eine Hütte, um sich gegen den Nordwind zu schützen, und schlief sanft bis an den Morgen.

Die Fackeln des Schiffes hatten die Wilden herbeygelockt. Sie glaubten, es wären Feinde, und kamen in Menge mit Keulen, Spießen und Schleudern, und ihr ungestümes Geschrey brachte den Onotama außer sich vor Schrecken. Er verbarg sich noch tiefer; denn er sahe wohl ein, daß ihn hier seine Ahnen und sein vornehmes Geblüt nicht schützen würde. Zitternd und halb todt vor Angst, ganz allein zu seyn, suchte er sich jetzt dem Tayo zu nähern, und hätte ihm so gern jeden Posten der Ehre überlassen.

Tayo, der lange schon des Elends gewohnt, durch Kummer und Mangel und durch jede Art des Leidens gegen das Leben abgehärtet war, fürchtete den Tod weit we-

weniger, und erwartete ihn mit Muth und Standhaftigkeit. Die Wilden kriegten ihn nun zu sehen, und stürzten schnell herbey. — Von ungefähr fiel dem Tayo ein, daß sie von seiner Kunst nichts wissen möchten, und daß er vielleicht sich dadurch retten, und ihrer Gunst theilhaftig machen könnte. Er gab ihnen also durch Zeichen und durch Geberden zu verstehen, daß er sich durch ein Geschenk der Erhaltung seines Lebens würdig machen wollte, riß sogleich Binsen und Schilf aus, und flocht nach der Fertigkeit, die er darin besaß, eine gar feine Krone, die er mit einem Rohrbüschel schmückte. Sie traten um ihn her, und sahen ihm sehr aufmerksam zu. Während seiner Arbeit hatte er sich den Vornehmsten gemerkt; und als er fertig war, nahete er sich diesem ehrerbietig, und setzte sie ihm auf das Haupt. Als sie ihn in dieser Zierde erblickten, war ein allgemeines Freudengeschrey. Sie faßten sich bey den Händen, tanzten um den Tayo her, drängten sich zu ihm, streichelten ihn, und jedes wollte nun so eine Krone haben.

Da er dazu nothwendig Schilf brauchte: so stürzten sich die Wilden hinein, und da fanden sie zum Unglück seinen Gefährten. Er wurde sogleich hervorgezogen, und alle gaben ihm zu verstehen, daß er ihnen auch so was Künstliches machen solle. Er konnte nichts, stand niedergeschlagen und betäubt da, und sie droheten, ihn zu ermorden, wofern er es nicht thäte.

Tayo bat für ihn, und gab ihnen zu verstehen, daß, wenn er auch nicht Kronen machen könnte, er doch zu etwas nützlich sey, indem er ihm Binsen und Rohr zutragen könnte. Dieß rettete ihn; er mußte aber dem Tayo dienen, und wäre oft übel von ihnen behandelt worden, wenn er ihn nicht immer in Schuß genommen hätte. Er verfertigte ihnen nun auch andere Kleinigkeiten, Körbe, Hüte, Teller, u. s. w. um sie immer in Aufmerksamkeit zu erhalten, und Männer und Weiber und Kinder, alles wollte einen Putz oder ein Spielwerk von ihm haben. Zur Dankbarkeit baueten sie ihm eine Hütte, und trugen ihm von ihrer

Speis

Speise im Ueberflusse zu. Onotama konnte nichts als gehorchen, Tayo aber war deswegen weder stolz, noch grausam, sondern behandelte ihn mit Güte, gab ihm von dem, was ihm die Wilden zutrugen, und erleichterte ihm seine Dienste durch Trost und Beystand. Dieß rührte nun den ersten aufs lebhafteste, und brachte ihn zu einem ernsthaften Nachdenken über sein voriges Betragen, und endlich zur Selbsterkenntniß. Statt Thränen des Unwillens zu vergießen, weinte er nun Thränen des Danks und der Reue über seine vorigen Ungerechtigkeiten. „O, sagte er eines Tages, wenn du auch so ein unbilliger, harter Mann gewesen wärest, als ich gegen dich war, was würde aus mir geworden seyn? Ich habe Züchtigungen an dir verdient. Ach mich verblendete mein Stolz. In einem Stande gebohren, der blos zufällig war, im Reichthum und Ueberfluß erzogen, und von der Eitelkeit schwindelnd, die sie so leicht einflößen, verachtete ich jeden Menschen, der diese Vorzüge nicht hatte, und dachte nie daran, was ich seyn wür-

Q de,

be, wenn ſie mir geraubt würden, oder
daß ſie mir könnten geraubt werden, da ſie
nur zufällig ſind. O wie weit ſind alle
Güter des Glücks und der hergebrachten
Gewohnheit unter denjenigen, die wir uns
ſelbſt oder der Natur verdanken. Nur das,
was wahrhaftig iſt, verdient unſere Achtung. Wie ſehr ſchäme ich mich vor mir
ſelbſt, wenn ich an meine vorige Niederträchtigkeit und an deine Menſchenliebe gedenke! Sollte mir aber Gott wieder zu
meinem vorigen Rang und meinen Reich-
thümern verhelfen: ſo will ich dich dafür
belohnen, und die Erinnerung meines Stol-
zes bey dir auszutilgen ſuchen, für den ich
jetzt die nur zu gerechte Strafe erdulde.„
Nach einiger Zeit ſchickte der König den
Schiffskapitain wieder an die Küſte, um
zu ſehen, was aus den beyden Leuten geworden wäre. Er fand es, wie ich erzählt,
und erhielt die Loslaſſung der beyden Ver-
wieſenen durch mancherley Geſchenke an die
Wilden mit leichter Mühe.

Ono-

Onotama hielt nach seiner Zurückkunft Wort. Er wollte dem Tayo die Hälfte seines Vermögens abtreten; dieser aber nahm es durchaus nicht an, und bat sich nur sein voriges Stückchen Land aus, wo inzwischen das Schilf wieder empor geschossen war, um sich nach wie vor, seines Fleißes, und seiner Hände Arbeit zu nähren. Seit der Zeit ist es auf dieser Insel zur Gewohnheit geworden, daß, wenn ein Vornehmer oder Reicher sich seines Standes oder Reichthums überhebt, ihn das Gesetz zu dem Stande desjenigen herabsetzt, den er verachtet, oder übel behandelt, mit den Worten: daß er in die Schule des Tayo müsse geschickt werden.

Der junge Perſier.

Cyrus, Artaxes, Höflinge.

Cyrus. Schäme dich Prinz! Wer wird den Verluſt einer ſolchen Kleinigkeit länger als eine Stunde betrauern? Es giebt ja der Wettrenen mehrere. Im heutigen warſt du der Zweyte am Ziele; im nächſten wirſt du der erſte ſeyn.

Artaxes. O, nie, nie! ſo lange der Jüngling mit kämpft der heute ſiegte; und kämpfet er nicht, welcher Ruhm bleibt mir den zu erbeuten übrig? Ach, wie pfeilſchnell ſein Roß dahin flog! Ein Licht- ſtrahl fliegt kaum ſchneller. Mit welcher Leichtigkeit er es lenkte! Ich ſehe nur ihn
wo-

wohin ich blicke; sehe den Edelmuth in
der bescheidenen Miene, die stille Grösse
mit welcher er den Barbaren hinnahm und
mich zum zweytenmahl besiegte.

Cyrus. Recht so! so bist du Camby=
sens *) Vetter! (Er umarmt ihn.) Ueber=
wundener, du bist mir werther von nun an,
als ein Feldherr, der mir seinen Sieg zu
melden kommt. Schon der thut viel, wel=
cher unpartheyisch die äussern Vorzüge sei=
nes Gegners lobt; aber der, welcher selbst
die Seele an ihm zu rühmen vermag, muß
einer von den wenigen Edeln in der Mensch=
heit seyn. Ich möchte ihn wohl kennen, den
Mann, der über dich gesiegt hat.

Ein Höfling. Das kannst du Monarch,
sobald du willst. Ich habe ihn so eben vor
deinem Gezelte gesehen.

Cyrus. Wohl, so ruffe ihn.

(Der Höfling tritt ab; Artaxes tritt
hinter Cyrus Stuhl.)

Cy=

*) So hieß Cyrus Vater.

Cyrus. Wo willst du hin, Vetter?

Artaxes. Mich bergen hinter dir, daß er die Schamröthe meiner Wange nicht sehe.

(Der Höfling tritt mit dem jungen Soldaten herein.)

Höfling. Hier, Unüberwindlicher, ist er! Ich traf ihn mitten unter einem Haufen seiner Kammeraden an, an welche er die tausend Goldstücke vertheilte, die den Preis des Wettrennens ausmachten.

Cyrus. Das thatest du? Und warum? Ich selbst hatte sie ausgesetzt; verschmähest du mein Geschenk?

Soldat. Wer könnte das? Es war unendlich mehr, als ich verdiente; aber ich hielt schon den Besitz dessen da (zeigt den Lorbeerkranz) für ein so wichtiges Gut, daß ich Bedenken trug, von dem wandelbaren

Glü-

Glücke zwey dergleichen an einem Tage an,
zunehmen. Zudem ... (Er hält inne.)

Cyrus. Warum gestockt? Rede frey
heraus!

Soldat. Ich hatte um Ruhm gekämpft,
und er ward mir. Sollte ich nun nicht mei,
nen Mitbrüdern das gönnen, was mir ward,
ohne daß ich es suchte?

Cyrus. Brav gesprochen! Ich bin der
Beherrscher des edelsten Volks unter der
Sonne, wenn es in Persien noch viele gibt,
die so sprechen und denken. Aber, wenn
du diesen Kranz so hoch hältst, für welchen
Preis würdest du wohl das Roß, das ihn
dir erwerben half, hingeben?

Soldat. Für keinen.

Cyrus (halblächelnd) Auch für keine
Herrschaft?

Soldat. Auch für ein Königreich nicht.
Aber mit Freuden würde ich es für einen

Freund

Freund hingeben, wenn ich einen finden könnte, der dieser Verbindung würdig wäre.

Artaxes. (hervorstürzend, ihm mit offenen Armen entgegen eilend) Laß mich diesen seyn, edler Jüngling! Umarme in mir einen Bruder;

Soldat. (zurückweichend) Wie gern, wenn du nicht Artaxes wärest. Aber so darf ich nicht; du bist . . .

Artaxes. Und was? — Prinz vielleicht? zu hoch für dich? — Ha, nimm die Hälfte meiner Provinz! — Ich vertausche sie mit Wucher, wenn du dafür mir gleich, und mein Freund wirst. — Nimm sie, und umarme mich!

Soldat. (noch weiter zurücktretend) Ich darf nicht. Auch dann noch wäre Gleichheit zwischen uns verbannt; du bleibest als Wohlthäter, als königlicher Blutsverwandt.

wandter unendlich über mich erhaben. — Zudem — verzeih'! — ich mag auch nicht Prinz seyn. Noch bin ich so selten Herr über mich selbst; wie sollte ich es über andere seyn?

Cyrus. (steigt vom Throne) Ich Armer; Habe ich wohl unter allen meinen Schätzen eine Belohnung für Denkungsarten, wie diese? Habe ich ein Kleinod, das ich einem solchen Jünglinge anbieten dürfte? — Krieger, du fichtst künftig neben mir in den Schlachten, und bald, als Feldherr, auch ohne mich; das bittet Cyrus von dir. — Und mich und Artares zu umarmen, befiehlt dir dein König.

(Der Soldat thut es.)

Soldat. (zum Cyrus.) Mein Dank hat keine Worte. (zu Artaxen.) Nimm meine Hochachtung, nimm meine Dienste an, bis ich deiner Freundschaft würdig werde! — Sieh hier die erste Probe. (Er
Q 5 theilt

theilt den Lorbeerkranz.) Er sey zur Hälfte dein! Du warest der nächste nach mir
am Ziele.

Verwig und der Stern des Jupiters.

Kann jemals ein Mensch Ursach haben zu zweifeln, daß eine eben so gütige als gerechte Vorsicht über unser Schicksal wache: so schien Verwig sie zu haben. Von der Jugend an bis in sein dreyßigstes Jahr war Unfall sein Begleiter und Verkennung sein Loos gewesen. Er hatte ein Herz, das edel und gut, aber zu offen, zu sicher, zu heißdürstend nach Freundschaft und Liebe war. Er hatte Kraft zu jedem Geschäfte; aber nicht Dreistigkeit genug, sich anzubieten, und endlich versagte ihm das Geschick diejenige Gabe, deren Mangel die große Welt dem Armen weniger verzeiht, als dem Mangel an Wissenschaft und Tugend — die Gabe zu kriechen.

Als der Sohn eines braven Mannes erbte er von seinem Vater nur Rechtschaffenheit, und Schulden. Seine Mutter vermochte es aus Dürftigkeit nicht, ihm diejenige Erziehung zu geben, die seine Gaben verdienten. Ihr Segen war das Wichtigste, was sie ihm bey dem Abschiede mitgeben konnte. Und doch hatte er durch eigenen Fleiß, durch Mühe bey Tag und Nacht viel gelernt. Er fand Männer, die es erkannten, ihn schätzten, ihn zu befördern versprachen die es zu thun suchten und wirklich vermochten. Er schien jetzt seinem Glücke nahe zu seyn. Er hatte ein Mädchen, das er liebte, dem er Verbindlichkeit schuldig war. Ihre Hand wartete nur auf seine Beförderung; Ihr Herz besaß er schon. Bald darauf ward ihm ein Amt angetragen, welches nicht beschwerlich war, und seinen Mann so ziemlich ernährte. Aber es war die Bedingung dabey, daß er die Tochter des Mannes heirathen müßte, welchen er zugegeben werden sollte. Dieß Frauenzimmer war sonst eines braven Gatten

ten nicht unwerth; aber Verwig schlug sie aus. Er beleidigte seinen Gönner verscherzte seine Aussicht; doch seine Seele blieb heiter; denn ihr Bewußtseyn genügte ihr. — Montags schlug er das Amt aus; Freytags starb sein Mädchen. Der hat nie Schmerzen gefühlt, der eine Beschreibung seines Schmerzens hier fordert.

Verwig entfernte sich aus der Gegend, die ihm nun ein weites Grab zu seyn schien, weil sie das Grab seiner Geliebten in sich enthielt. Seine noch übrig gebliebenen Freunde riethen ihm nach dem prächtigen " " der Hauptstadt seines Vaterlandes zu gehen; dort hofften sie, sollte seine Geschicklichkeit bald Aufmunterung und sein Fleiß Unterhalt finden. Der Unglückliche! Der falsch Berathene! was sucht er hier ohne Vettern die ihn heben, ohne Reichthümer die ihn geehrt, ohne Schmeichlerkünste die ihn beliebt machen konnten. Er hatte keine Schweßern, die, den Morgenstunden bey irgend einem

Gro-

Großen für ihn gebeten, keine Schwieger‑
mutter, die sich der Gemahlin des Premier‑
ministers durch Neuigkeiten werth gemacht
hätte, hatte selbst keinen Kammerdiener
zum Freunde, der bey Se. Excellenz für
'ihn zu sprechen wagte. Er kam schlecht und
recht, und erboth sich — zu Geschenken
vielleicht? — nein! zu Proben und zur
Prüfung. Natürlich, daß er bald zur Stra‑
fe seiner Thorheit darben mußte.

Zu arm, um in einem ganz unbesolde‑
ten Amte auf den Tod von zwölf Vorder‑
männern zu warten, und noch viel ärmer,
um ein Besoldetes sich kaufen zu können,
wagt er es endlich, um einen niedrigen,
seiner unwerthen Posten anzuhalten, und
erhielt ihn; erhielt das noch obendrein, wo‑
mit die meisten Residenzen sehr freygebig
zu seyn pflegen, — Versprechungen. Hier
lebte er eine geraume Zeit in Dürftigkeit;
und was ärger als Dürftigkeit war, ge‑
drückt und verkannt. Sein freyer Geist,
der keinem Ordensbande, keinem goldenen
Schlüssel fröhnte, galt für Trotz; seine Lie‑
be

be zur Wahrheit für unverschämte Dreistigkeit; die Arbeiten seiner Nebenstunden (denn nie verließ er die Wissenschaften ganz) für ein Vergehen. Welch Unterfangen, auch in Nebenstunden zu arbeiten, um leben zu können! Unwürdige, die kaum lesen konnten, sah er sich vorgezogen. Nichtswürdige erhielten zum Lohne ihrer Nichtswürdigkeiten, was seine Fähigkeit verdienet hätte; selbst die Wenigen, die ihn besser kannten, und ihn oft in Geheim hoch schätzten, zuckten öffentlich die Achseln, weil sie sich scheuten, Vornehmere zu beleidigen. Er wagte es, seine Vorgesetzten an ihre Zusage zu erinnern; kalte Entschuldigung, oft gar kalter Spott war ihre Antwort. Er verzehrte sich wie ein Docht in der Lampe, wenn kein Oehl nachgegossen wird. Er sah seine Mutter im Elende schmachten; hätte sein Leben darum gegeben, sie zu retten, und vermochte es nicht. Mangel und Schulden drängten ihn selbst von jeder Seite; noch stärker der innerliche Kummer. Endlich versprach ihm eine langsam verzehrende Krankheit Auflösung und Rettung. Er vernahm
die

die Stimme des Todes schon von ferne; aber sie schreckte ihn nicht. Schon oft hatte er sich diesen Freund gewünscht, und freute sich nun, daß er auf seine Einladung achtete.

Jetzt erst, da es zu spät war, die Folgen der bisherigen Kränkungen wieder gut zu machen, jetzt erst schien ihm das Geschick Ruhe und Wohlstand zu versprechen. Ein Anverwandter, dessen Namen Berwig kaum drey mal in seinem Leben hatte nennen hören, bekam durch ein Ohngefähr eine von den Schriften des jungen Mannes zu lesen. Sie gefiel ihm; er erkundigte sich nach den Umständen seines Vetters, und erfuhr seine traurige Lage. Er war ein rechtschaffener, menschenfreundlicher Mann, nahe an den Jahren des höhern Alters, kinderlos und reich. Einst war er arm gewesen, und wußte, wie weh der Hohn der Reichern und der Gnadenblick der Höhern thut. Sein Vetter dauerte ihn; er trug ihm Haus, Tisch und Unterstützung an. Mit Freuden empfing der junge Mann dieß Anerbieten, und bat sogleich um Entlassung aus seiner Frohnfeste. Man war niedrig denkend genug, sie ihm mit dem Zusatze zu ertheilen, daß man so eben an ihn hätte denken wollen.

Nun schmeckte er zum ersten male in seinem ganzen Leben das Süße der Unabhängigkeit; zum ersten male durfte er nicht mehr mit Angst an seinem Unterhalt in der nächsten Woche denken. Aber ach, die liebreichste Vorsorge seines Oheims, die fröhlichste Unterhaltung, die er in einem kleinen Zirkel von Redlichen antraf, die ihn bald lieb gewannen; die heilsame Luft des Landes, die freundschaftlichste Bemühung eines erfahrnen Arztes, alles das konnte ihn nicht mehr retten; konnte sein siches Daseyn höchstens einige Monden verlängern. Der Gedanke, sich so lange her gedrückt, vergessen, verkannt zu sehen, hatte allzusehr an dem Marke seines Lebens genagt; und oft, wenn er sich allein sahe, fiel er in seine vorigen traurigen Betrachtungen zurück.

R In

In einem solchen düstern Nachdenken, die abgezehrte Hand unter sein bleiches Haupt gestützt, und eine zögernde Thräne im Auge, fand ihn sein Oheim einst an einem schönen Herbstabend in der Laube des Gartens sitzen. Ganz verlohren in sich selbst sah er den Greis nicht, der schon zwey Minuten mit einem mitleidigen Lächeln vor ihm stand, und fuhr ein wenig zusammen, als er sich angeredet hörte.

Nun Vetter, was sitzest du so einsam hier in einer kühlen feuchten Nacht? Vergißt du, was dir dein Arzt befohlen hat?

Berwig. Ja wohl vergaß ich's, so wie meiner selbst.

Oheim. Desto schlimmer! Und doch schienst du mir heute munterer an Seele und Körper zu seyn, als seit einigen Tagen?

Berw. Ein flüchtiger Sonnenblick an einem Regentage; es fängt dann gewöhnlich noch stärker an zu regnen.

Oheim. Auch komme ich so eben von deiner Stube, wo ich dich suchte, und wo ich auf deinem Schreibtische einen Aufsatz
von

von dir fand, den ich mir zu lesen die Frey=
heit nahm, und der mich ein Viertelstünd=
chen recht angenehm unterhalten hat.

Berw. O, mein Oheim, eine Klei=
nigkeit, so schwach, als ein siecher Kopf
sie denken, und eine sieche Hand sie schrei=
ben kann!

Oheim. Nein, mein Lieber, keine
solche übertriebene Bescheidenheit! Ich glau=
be es gern, daß deine Krankheit dich ent=
kräftet; aber die Art, deine Gedanken vor=
zutragen sowohl, als deine Gedanken selbst,
verrathen noch immer den Kopf; der der
Welt mehr Nutzen, als tausend alltägliche
Köpfe zu schaffen vermöchte, wenn man ihn
derselben länger erhalten könnte. —— Nun,
was fehlt dir aufs neue? Was hängst du
wieder so tiefsinnig dein Haupt?

Berw. (seufzend) O, mein Vater!
Sie wollten meine Traurigkeit zerstreuen,
und ein Ohngefähr läßt Sie eben die Grund=
ursache derselben wieder aufwecken.

Oheim. Wie das?

Berw.

Berw. Werden Sie mir meine kleine Eitelkeit vergeben, wenn ich Ihnen gestehe, worauf ich bey Ihrem Eintritt in die Laube dachte?

Oheim. (lächelnd) Ich hoffe ja doch, daß es etwas verzeihbares seyn wird.

Berw. Eben die Arbeit, die sie auf meinem Schreibtische gesehen und gelesen haben, die erste, an der ich nach einem langen Zwischenraume meine Kräfte wieder versuchte, machte, daß ich einen Blick auf meinen vorigen Zustand in ** zurück warf. Ich dachte mir die Beschäftigungen, zu welchen man mich doch gemißbraucht, die rühmlichern und schwerern Arbeiten, um die ich angesucht, die man mir abgeschlagen und Dummköpfen gegeben hatte, weil ihre Väter schon ansehnliche Stellen am Staate bekleideten, oder weil die Buben den Weg der Bestechung verstanden. Ich dachte mir's, wie selbst meine Thätigkeit in den Stunden, die andere müßig verpraßten, mir zum Vorwurfe gemacht wurde, und konnte mich

mich dann des Gedankens nicht erwehren, daß diese Kräfte, dieses Streben in mir nach würdigern Geschäften mehr als ein bloßes unnützes Vermodern verdient hätten; ja, ich konnte mich, dahin gerissen von meinen Schmerzen, nicht enthalten, jenen Sclaven zu fluchen, die sie vermodern ließen, weil sie in mir vielleicht Freyheitsliebe und unerschütterliche Standhaftigkeit ahndeten.

Oheim. (Mit mitleidigem Lächeln.) Soll das alles nicht mit wenigen Worten so viel sagen: Es schmerze dich, so verkannt worden zu seyn?

Berw. Richtig.

Oheim. Und du findest keinen Trost dagegen in dir?

Berw. Ich verstehe Sie, mein Oheim, und danke der Vorsicht, daß ich denselben fühle; aber er schweigt bisweilen, und dann ist meine Seele düster.

Oheim. Und du hättest unter allen deinen Bekannten keinen gefunden, der dich nach Würden geschätzet hätte?

Berw. Unter tausenden bisweilen einen. — Ach, es war dann die Stimme

Berw.

eines Kindes, die das Brausen eines Wasserfalls überschreyen will.

Oheim. (den Kopf schüttelnd) Mißmüthiger, als ob nicht ein Redlicher mehr werth wäre, als tausend Thoren! (indem er ihn bey der Hand ergreift, und an den Eingang der Laube führt) Vetter komm' einmal mit hieher! Wie gefällt dir dieser gestirnte Himmel?

Berw. Wem sollte er nicht gefallen?

Oheim. Welcher unter allen diesen Himmelskörpern hat wohl jetzt für uns den Preis, das stärkste Licht?

Berw. Natürlich der Vollmond.

Oheim. Könntest du mir wohl den Jupiter auffinden und zeigen?

Berw. Dort!

Oheim. Wie abstechend gegen diese glänzende Scheibe! und doch, wer ist wohl in der Natur der Größere, der Glanzvollere? Jupiter oder der Mond?

Berw. Mein Oheim, ich müßte Fontenellens Gespräche, das Lieblingsbuch meiner Jugend ganz vergessen haben, wenn ich nicht

nicht wüßte, daß Jupiter ein Dutzend von solchen Erden und Monden in jedem Betrachte aufwiegt.

Oheim. Es ist wahr, eine solche Vergessenheit wäre freylich ein wenig stark. Aber glaubst du nicht, daß die Anzahl derer, die den Mond für weit größer als den Jupiter halten, die Zahl der besser Unterrichteten um vieles übersteige?

Berw. Ganz gewiß.

Oheim. Und dünkt dir nicht das Wissen einiger Wenigen mehr werth zu seyn, als die Unwissenheit der Menge?

Berw. Ich sehe nicht ein, was mich abhalten sollte, darauf ja zu sagen.

Oheim. Meinst du nicht auch, daß in jenen Weltkörpern, welche den Jupiter und den Mond aus einem Standpunkte betrachten, jener desto heller glänzen, und dieser sich in Nebel verliehren müsse?

Berw. Ohne Zweifel.

Oheim. Und nun endlich denke dir, wer von beyden ist theurer im Auge des Schöpfers und jener höhern Wesen, die zunächst dem Thron des Schöpfers stehen?

Gewiß doch derjenige Weltkörper, in welchem mehr lebt und rebt, der eine Welt für sich, und nicht blos der Diener einer Erde ist. Sieh, junger Mann, das ist dein Fall, und der Fall aller derer, die Gaben von der allgütigen Hand der Vorsicht erhielten, und diese Gaben ausbildeten, so gut sie es vermochten. Laß es seyn, daß sie kein Fürst zur Wohlfarth seiner Länder nüßt, weil er vielleicht nicht einmal ihr Daseyn weiß! Laß es seyn, daß diejenigen, welche das Heft der Regierung an seiner Statt in Händen haben, und der Pöbel, der sich knechtisch vor ihrem Stern und vor ihren Bändern bückt, wie Knechte behandelt, ihn vergessen oder mit Willen verkennen! Genug des Trostes für dich, wenn Gott dich nicht verkennt; die dich nicht verkennen die unsichtbar um uns schweben, und auch vielleicht einige Redliche nicht, denen du dich ganz zu enthüllen Gelegenheit fandest. Ich könnte der Nachwelt noch gedenken: aber mich dünkt, ich sehe dir es an, daß dir jetzt schon an der Gegenwart genügt.

Verwigs Auge starrte gen Himmel, indem sein Oheim dieß Letztere sagte. Es sprach in seinem Blicke die Freude einer edlen Seele, die jetzt zum ersten mal einen neuen großen Gedanken ergreift und festhält. Das Bewußtseyn seines Werthes gab seiner blassen Wange ein ungewöhnliches Feuer. Aber ach, das Gefühl seines Schmerzens kam bald wieder zurück.

Ich danke Ihnen, mein Oheim, sprach er, und drückte mit warmer Erkenntlichkeit die Hand des Greises, ich danke Ihnen für Ihren Trost. Ein Jahr früher hätte er vielleicht Wunden geheilt, da er jetzt nur Schmerzen lindert. Vergönnen Sie mir indeß doch ein einziges zu bemerken, was in Ihrem Gleichnisse von einem Fall wie der meinige ist, weit abweicht. Jene Unwissenheit von der wahren Größe der himmlischen Körper ist der gemeinen Menge und dem Manne in Lohngeschäften sehr verzeihlich; er hat der Pflichten noch tausende zu erfüllen, ehe die Reihe an die Sternkunde kömmt. Aber die Unwissenheit jener, durch
die

die ich und vielleicht noch manche leiden, sie sey nun angeblich oder wirklich da, verdient weit weniger Vergebung; denn sie stehen auf ihren Posten, um diejenigen zu kennen, die unter ihnen sich befinden.

Oheim. (freundlich lächelnd) Wer läugnet das, Lieber? Wenigstens ich nicht, dem jedes Recht der so oft unterdrückten Menschheit heilig ist. Aber bessert sie unser Unmuth, unsre Klage? Schwer wird ihnen einst der Richter jeden Schweißtropfen der Männer zuwiegen, der ungenützt zur Erde fiel; jede Thräne des Unterdrückten, und jeden Seufzer dessen, den sie zurück stießen, weil er statt Ahnen oder gefüllter Börsen nur Verdienste darzubieten hatte. Diesem Rächer überlasse sie! Er allein — — Doch komm, ich fühle, daß selbst mein alterndes Blut noch warm werden kann; und dann möchte dieser frische Abend es zu schnell wieder abkühlen.

Sie giengen nun durch den Garten wieder in das Haus zurück. Heitere Gesprä sprüche wurden versucht, um den schwermüthigen Bertwig wieder aufzumuntern, und es gelang für diesen Abend. Aber bald verwelkte er ganz; und schwer wiegt nun der gerechte Richter seine Seufzer und seine Thränen den ungerechten Unterdrückern zu.

Vortrefliche Züge aus dem Charakter des Herzogs von Braunschweig Leopold.

Wenn aufrichtige, innige und wahre Menschenliebe die schönste Perle in der Krone eines Fürsten ist: so läßt es sich mit Zuverläßigkeit behaupten, daß der vortrefliche, für die Welt viel zu früh verstorbene Prinz, Leopold von Braunschweig diese Zierde in einem vorzüglichen Grade besaß, und sich dadurch die gerechtesten Ansprüche auf die Bewunderung und Verehrung aller guten
Men-

Menschen erwarb. Schon in seiner zarten Kindheit, und in seiner frühern Jugend hatten seine Gesinnungen und Handlungen das unverkennbare Gepräge der Herzensgüte. Er fand schon frühzeitig das größte Vergnügen am Wohlthun, oder, wenn seine Kräfte dazu nicht hinreichten, an Fürbitten für Hülfsbedürftige. Oft bat er als Kind seine Erzieherinn, der Schildwache unter seinem Fenster etwas geben zu dürfen, wenn eine strenge Kälte war; oder wenn er Alte und Elende sahe, gab er oft alles, was er hatte. Wenn ihm arme Kinder, die in schlechten Wetter nackt, barfuß und zerlumpt gingen, zu Gesichte kamen: so schenkte er ihnen Kleidungsstücke aus seiner eigenen Garderobe. Er ließ unter andern auch einige arme Bürgerknaben von seinem spärlichen Taschengelde in die Schule gehen, und sie mußten ihm von Zeit zu Zeit Zeugnisse von ihren Lehrern bringen, ob sie sich fleißig bey den Lectionen eingefunden, und sich ordentlich betragen hätten. Einen von diesen armen verlassenen Knaben, der ein offenes Gesicht und

und einen hellen Kopf hatte, liebte er vorzüglich, und gab ihm sein Schulgeld nebst einem kleinen Ueberschusse immer mit ganz besondrer Freude, bemerkte aber bald mit Mißvergnügen an ihm, daß er anfing, in seinen Kleidern täglich unordentlicher einher zu gehen. Den Prinzen befremdete sein liederlicher Anzug, und er gab ihm zu verstehen, daß er ihm seine Wohlthaten entziehen würde, wenn er nicht bald in einem etwas bessern Aufzuge vor ihm erschiene. Der arme Knabe erschrak, fing an zu weinen, und betheuerte seinem Wohlthäter, daß zwar das Geld, welches er von ihm bekäme, für die Schule und für einige nothwendige Bedürfnisse des Lebens, aber nicht für seine Kleidung hinreiche.

Der gute Prinz wurde gerührt, sahe ein, daß der Knabe recht hatte, und entschloß sich, ihm zu helfen; aber er hatte leider! eben kein Geld. Er wollte den Knaben nicht gehen lassen, ohne ihm augenblicklich Hülfe zu leisten, und sann daher auf ein Mittel, welches zwar ein redender Beweis

weis seiner jugendlichen Menschenliebe war, ihn aber bald nachher in große Verlegenheit setzte.

Sein Schneider hatte ihm eben ein neues Unterkleid gebracht, welches zu seiner Uniform gehörte, und worin er den andern Tag bey Hofe erscheinen sollte. Aber daran dachte der gute Prinz in dem Enthusiasmus seiner Menschenliebe nicht; lief hin, hohlte sein schönes, neues Unterkleid, und beschenkte den armen Knaben damit. Der Knabe entfernte sich mit fröhlichen Luftsprüngen, und der Prinz freuete sich nicht weniger, den halb nackten Jungen in einer ohnedieß rauhen Jahrzeit gekleidet zu haben. Aber nun kam der Tag, an welchem Leopold in seinem neuen Kleide bey Hofe erscheinen sollte. Sein Kammerdiener wollte ihn ankleiden; allein er fand zu seinem Schrecken nur den Rock, und nicht das neue Unterkleid. Die Bedienten wurden gerufen; aber keiner wußte, wo es hingekommen war. Alle Winkel wurden durchsucht, der Prinz suchte mit; allein weg war das Kleid.

Kleid. Nun fing die Sache an, eine ernsthafte Wendung zu nehmen. Sein Hofmeister drang darauf, daß es die Bedienten durchaus herbey schaffen müßten. Der Prinz hörte alles ruhig an, als ob er von nichts wüßte. Endlich wurden die Bedienten von dem Hofmeister bedrohet, daß sie, wenn sie das Kleid nicht herbey schafften, welches durch ihre Unvorsichtigkeit gestohlen, oder vielleicht von ihnen selbst entwendet sey, sogleich in das Stockhaus geschickt werden sollten.

Jetzt konnte sich der gute Prinz nicht länger halten. Es kränkte ihn tief in der Seele, daß diese Leute unschuldiger Weise, und zwar durch seine Veranlassung eingesperrt werden sollten. Er gestand mit Thränen, die ganze Sache, und schlug vor, daß man ihn lieber auf einige Tage, bis er ein anderes neues Unterkleid bekommen hätte, bey Hofe für krank anmelden, als dem Knaben sein Geschenk wieder nehmen möchte.

Je mehr sich sein Charakter bildete: desto mehr leuchtete aus demselbigen thätige ge Güte des Herzens und aufrichtiges Wohlwollen gegen alle Menschen hervor. Er half jedem, welchem er helfen konnte; und bestrebte sich beständig, durch Ausübung gütiger und menschenfreundlicher Thaten dem Allgütigen immer ähnlicher zu werden. Einst fand er in Frankfurth zwey Kinder, die ganz verlassen herum irrten und bettelten. Er nahm sich ihrer an, und schickte sie an die Braunschweigischen Armenanstalten. Als sie abreisten, ging er selbst Morgens um fünf Uhr bey sehr rauher Witterung zu dem Fuhrmanne, um zu sehen, ob sie auch gut vor dem Wetter verwahret wären. Als er dieß nicht fand, zog er seinen eigenen Ueberrock aus, wickelte sie in denselben, sahe sie erst abfahren, und ging dann im Regen ohne Ueberrock nach Hause.

Um sich von dem Elende der Leidenden desto besser zu überzeugen, und dasselbe desto gewisser, entweder völlig heben oder doch erleichtern zu können, erforschte er es selbst. Er besuchte die Unglücklichen in ihrer Hütte, ging selbst an ihr armseliges Krankenlager,

und

und veranstaltete dann für sie mit vielen Eifer nach ihren Umständen und Bedürfnissen zweckmäßige Hülfsmittel und erforderliche Pflege.

Einmal an einem Abend geht der Gute vor einem Hause vorüber, hört ein ängstliches Stöhnen, geht hinein, erfährt, daß eine verlassene Arme mit den empfindlichsten Schmerzen auf ihrem Strohlager ringt. Gleich eilt er zu dem Arzte, welcher schon schläft, und bittet ihn, aufzustehen, und der leidenden Kranken zu Hülfe zu kommen.

An einem andern Abend taufte der Herr Consistorialrath drey Kinder, von welchen eine arme Soldatenfrau, die im Begriffe war, nach Schlesien zu wandern, entbunden wurde. Als er am folgenden Morgen die Kranke besuchte, erfuhr er von ihr, daß ein Officier da gewesen sey, und ihr versprochen habe, für die Pflege und Erhaltung ihrer Kinder zu sorgen; — dieß war der Herzog gewesen.

Daß Leopold es nicht unter seiner Fürstenwürde fand, in eigener Person Liebes-
S   dien-

dienste zu erweisen, wo er Gelegenheit dazu hatte, beweist auch folgende interessante Geschichte.

Der Sohn eines armen Juden in Frankfurth an der Oder verließ seine Vaterstadt, in welcher er keine Aussicht zu seinem Fortkommen hatte. Durch Verbindungen, die er seinem braven biedern Wesen zu danken hatte, sahe er sich in Koppenhagen in den Stand gesetzt, einen Kleinhandel anzufangen, welcher bald so ergiebig wurde, daß er unabhängig leben, und von Zeit zu Zeit seine armen Aeltern unterstützen konnte.

Seine Lage verbesserte sich täglich, und zog endlich die Aufmerksamkeit der Einheimischen auf sich, welche durch Resignation auf alle Rechte des Bürgers, und auf viele des Menschen, das elende Recht haben, jeden fremden Handelsjuden in Koppenhagen nicht dulden zu dürfen.

Sie zeigten diesen jungen Menschen der Polizey an, und drangen auf dessen Entfernung. Seine Freunde hatten alles für ihn gethan, als sie ihm die Erlaubniß auswirkten,

ten, daß er sich noch vier Wochen in Kop,
penhagen aufhalten durfte, um seine Schul,
den einkassiren zu können.

Die Briefe, welche der junge Mensch
indessen an seine Aeltern schrieb, zeigten,
wie schrecklich er seine Lage fühlte, oder
vielmehr die ihm drohende Zerstörung sei,
ner Lage, und was ihn noch mehr kränk,
te — der Lage, in die er seine Aeltern zu
setzen das Glück hatte; doch verzweifelte
er noch nicht ganz. -

Er hatte ausgekundschaftet, daß die
verwittwete Königin von Dänemark die
Tante des Herzogs Leopold von Braun,
schweig sey, und von diesem, glaubte er,
würden vielleicht seine Aeltern ein Empfeh,
lungsschreiben an die verwittwete Königin
erhalten können, welches ihm auf immer
Schutz verschaffen würde.

Er schreibt das Nöthige an seine Ael,
tern, die von der Güte des Herzogs und
von seiner ihnen bekannten Liebe zu der
jüdischen Nation alles hoffen, unter wel,
cher ein Lessing ihn mehrere rechtschaffene

S 2 und

und edle Menschen finden gelehrt hatte, als die drückende Lage derselben und die Vorurtheile gegen ihre Moralität erwarten ließen.

Der Vater läßt sich bey dem Herzog melden, wird vorgelassen und erzählt ihm die Lage der Sache mit aller Rührung, von welcher er natürlich ergriffen werden mußte, und welche dem Herzog die Wahrheit seiner Erzählung verbürgte. Er wagt seine Bitte um das Empfehlungsschreiben; und der gute Herzog ist gleich willig, und äußert sich so gnädig gegen den unglücklichen Mann, daß ihm diese Aeußerung noch theurer seyn mußte, als die Gewährung seiner Bitte.

Nur bedauert der Herzog, daß es ihm unmöglich ist, den Brief noch heute auszufertigen; es mußte also bis auf den künftigen Posttag aufgeschoben werden. Doch der Geschäfte des Herzogs sind nicht so viele, oder sie nehmen nicht so viele Zeit weg, als er dachte.

In der Abenddämmerung wird an der elenden Hütte des Juden gepocht. Er öffnet

net sie; und man stelle sich sein und seiner Frau Erstaunen vor, als sie den Herzog von Braunschweig erkennen.

Doch dieser wußte durch sein liebevolles Benehmen das Gespräch mit diesen Leuten bald auf den Ton zu stimmen, in welchem man mit seines gleichen spricht. Da ist der Brief, meine lieben Leute, sagte er; ihr müßt ihn eurem Sohne heute noch schicken, und ihm schreiben, daß er ihn der Königin selbst abgeben soll. Wie sehr bedaure ich, erwiederte der Vater, daß wir heute von der uns ewig unvergeßlichen Gnade, Eurer Hochfürstlichen Durchlaucht, keinen Gebrauch mehr machen können. Die Post gehet in einer halben Stunde ab, und man nimmt keinen Brief mehr an.

„Von mir werden sie ihn wohl noch „nehmen, lieber Alter! Schreib' er nur „geschwind an seinen Sohn, daß er ihn ja „der Königin selbst abgibt. Ich will hier so „lange warten, und dann führt mich mein „Weg so bey der Post vorbey." Der Alte mußte sich setzen und schreiben. Der Herjog unterhält sich während des Schreibens mit der alten Frau, und trägt dann den Brief auf die Post.

So wie es in seinem ganzen Leben das angenehmste Geschäft für ihn war, Wohlthäter und Helfer der leidenden Menschheit zu seyn: so zeugt auch sein Tod von der Wärme und Größe seiner Menschenliebe. Am Morgen seines Todtestages zeigte er wieder seine sonstige Lebhaftigkeit, eine ausserordentliche Ruhe des Geistes. Es befremdete dieß seine Bedienten, da die Gefahr der Wasserfluth, welche das Austreten der Oder im Jahr 1785. verursachte in und außerhalb Frankfurth sich immer vergrößerte. Er hatte indessen die wirksamsten Rettungsmittel veranstaltet, und die Verfügung getroffen, daß sie an dem Orte gebraucht werden sollten, wo sie am nöthigsten waren. Aber der Drang seines großen und guten Herzens, welches so ganz von mitleidigem Gefühle überfloß, ließ ihn nicht blos mit den Anstalten, die er getroffen hatte, zufrieden seyn, sondern brachte ihn zu dem

Ent-

Entschluße, den Nothleidenden selbst zu Hülfe zu eilen, ohne sich von der Gefahr abschrecken zu laßen, welcher er sich dadurch aussetzte. Immer stärker wurde sein Mitleidsgefühl, so wie mit der Flut die Noth der Unglücklichen stieg. Er konnte demselben nicht länger widerstehen, als eine Mutter vor ihm niederfiel, und ihn mit Händeringen anflehte, er möchte ihre Kinder retten laßen. Gleich einem Helden, der sich aus den Armen seiner weinenden Familie losreißt, und Siegesthaten entgegen geht, eilt er aus dem Kreise seiner sich um ihn drängenden und zitternden Getreuen hinweg, zum Ufer hin. Immer noch flehen sie ihn, sich nicht in die Gefahr zu begeben; aber er antwortet: was bin ich mehr, als ihr? Ich bin ein Mensch wie ihr, und hier kommt es auf Menschenrettung an. Nach diesen Worten steigt er in den Nachen, und will empfinden die Freude, die er sich immer als die größte aller Freuden gedacht, und von Gott als eine Wohlthat erflehet hatte, — will Menschen vom Tode retten. Entschlossen und herzhaft wagt sich der Men-

schenretter in die reißende Fluth, grüßt zuletzt noch heiter und freundlich diejenigen,
welche ihm am Ufer nachsehen — — —
Gott! heiliges Dunkel verbirgt uns noch
jetzt deine weisen Rathschlüsse! — In
seinem menschenfreundlichen Heldengeschäf-
te — sinkt er in die Tiefe — und stirbt
in dem Augenblick des Sinkens.

Das

Das verderbene Muttersöhnchen
und
das gute Kind.

In einer Seeprovinz von Frankreich lebte ein Intendant, welcher sich durch seine Strenge gegen Bedrückungen von aller Art sehr empfohlen hatte, indem es sein Grundsatz war, den Schwachen mit Gunst, den Starken mit Strenge zu behandeln. Dieser brave Mann (er hieß Herr von Carendon) starb in der Armuth und in Schulden, welche er aus bringender Noth gemacht hatte. Er hinterließ eine Tochter, welche Niemand heirathen wollte, weil sie viel Stolz, wenig Reize, und kein Vermögen hatte. Ein reicher und rechtschaffener Kaufmann warb um sie, aus Achtung gegen das Andenken ihres Vaters. Er hat uns so viel Gutes gethan, sagte der gute Corce; (dieß war

war der Namen des Kaufmanns) es ist billig, daß einer von uns es ihm an seiner Tochter wieder vergelte. Coree ließ sich also derselbigen antragen, und erhielt ihre Hand nur nach vielem Widerstand, und unter der Bedingung, daß sie im Hause eine unumschränkte Gewalt haben sollte. Die Achtung des guten Mannes gegen den Vater erstreckte sich bis auf die Tochter. Er fragte sie wie sein Orakel um Rath; und wenn er bisweilen andrer Meinung war als sie: so durfte sie nur diese nachdrucksvollen Worte aussprechen: Der selige Herr von Carendon, mein Vater.... Coree wartete nicht, bis sie ausgeredet hatte, sondern gestand sogleich, daß er Unrecht habe.

Er starb sehr jung, und hinterließ ihr zwey Kinder, und hielt es für seine Pflicht, noch vor seinem Tode die Theilung seines Vermögens vorzunehmen. Aber Herr von Carendon, sagte seine Gemahlin, hatte den Grundsatz, daß man, um die Kinder in der Abhängigkeit von der Mutter zu erhalten,

ten, dieſer freye Macht über die Güter ein-
räumen müſſe, welche denſelben beſtimmt
wären. Dieſes Geſetz wurde von Coree
zur Richtſchnur bey ſeinem Teſtamente genommen; und ſeine Verlaſſenſchaft wurde
den Händen ſeiner Frau mit der gefährlichen
Befugniß gegeben, dieſelbe unter ihre Kinder nach ihrem Belieben vertheilen zu dürfen. Der ältere Sohn von dieſen beyden
Kindern war ihr Liebling, nicht weil er
ſchöner, oder mit glücklichern Naturanla-
gen gebohren war, als ſein jüngerer Bruder, ſondern blos weil er der ältere war.
Er hatte ſich ihrer Zärtlichkeit ſo bemäch-
tiget, daß er ſie ganz erſchöpft zu haben
ſchien.

Der kleine Jacquaut hingegen war das
verworfene Kind. Seine Mutter würdigte
ihn faſt keines Blickes, und ſie redete nie
mit ihm, als wenn ſie ihn ausſchelten wollte. Dadurch wurde dieß Kind ſo ſchüch-
tern gemacht, daß faſt nicht einmal ſich
getraute, die Augen vor ihr aufzuſchlagen,
und ihr nicht anders als mit Zittern ant-
wor-

wortete. Er hat, sagte sie, die Gemüthsart seines Vaters, eine Pöbelseele, und
das, was man ein pöbelhaftes Ansehen
nennt.

Der Aeltere hingegen, welchen man so
eigenwillig, so widerspenstig und halsstarrig
machte, als es möglich war, dieser hieß die
Artigkeit nur selbst. Seine Ungelehrigkeit
hieß Stärke des Charakters; sein Starr-
sinn galt für unzureizbare Empfindsamkeit.
Man bemerkte es mit Beyfalle, daß er
nicht nachgab, wenn er Recht hatte; und
dieß hatte er immer. Da wurde es unaufhörlich wiederhohlt, daß er seine Vorzüge
fühle, und daß er die Ehre hätte, seiner
Frau Mutter ähnlich zu seyn. Dieser Aeltere wurde Monsieur de l'Etang genannt,
weil man es für unschicklich hielt, ihm den
Namen Coree zu lassen, und hatte allerley
Lehrmeister. Allein, obgleich die Lehrstun-
den nur für ihn allein gehörten: so machte sich doch der kleine Jacquaut die besten
Vortheile davon eigen, so daß dieser nach
einigen Jahren alles wußte, was man Monsieur

ſteur de l'Etang gelehrt hatte; dieſer hin=
gegen wußte nichts.

Die allzugefälligen Wärterinnen hatten
ſeine Mutter, deren Schwachheit ſie kann=
ten, beredet, ihr älterer Sohn ſey ein wah=
res Wunderkind der Geſchicklichkeit. Die
Lehrmeiſter hingegen, welche nicht ſo gefäl=
lig waren, konnten den kleinen Jacquaut
nicht genug loben, und ſich über die Unge=
lehrigkeit und Unachtſamkeit jenes Mutter=
ſöhnchens nicht genug beklagen. Sie ſag=
ten zwar nicht ausdrücklich, daß Monſieur
de l'Etang ein Dummkopf ſey; aber ſie ſag=
ten, daß der kleine Jacquaut Verſtand ha=
be wie ein Engel. Die Eitelkeit der Mut=
ter wurde dadurch beleidiget, und aus einer
Ungerechtigkeit, welche man in der Natur
für unmöglich halten ſollte, verdoppelte ſie
ihren Widerwillen gegen dieſen kleinen Un=
glücklichen, beneidete ſeine Fortſchritte, und
entſchloß ſich, ihren Buſenſohn einer demü=
thigenden Vergleichung mit ihm nicht län=
ger auszuſetzen.

In=

Indeffen erweckte eine rührende Begebenheit in ihr die Empfindungen der Natur; aber sie wurde durch diese Rührung mehr beschämt als gebessert. Jaquaut war zehn, Monsieur de l'Etang fast schon funfzehn Jahre alt, als sie sehr gefährlich krank wurde. Der Aeltere sorgte nur für seine Ergözlichkeiten, und bekümmerte sich wenig um die Gesundheit seiner Mutter. Dieß ist gemeiniglich die Strafe schwacher Mütter, welche ausgeartete Kinder zu sehr lieben. Man wurde indessen besorgt. Sobald Jaquaut dieß merkte, wurde sein Herz von Schmerz und Furcht gerührt. Die Begierde, seine Mutter zu sehen, ließ es ihm nicht zu, sich länger verborgen zu halten. Man hatte ihn gewöhnt, niemals zu erscheinen, wenn er nicht geruffen wurde; aber endlich machte ihm seine Zärtlichkeit Muth. Er benützte den Augenblick, in welchem die Thüre des Zimmers offen stand, trat ohne Geräusch und mit zitternden Schritten hinein, und näherte sich dem Bette seiner Mutter. Bist du es, mein Sohn? fragte sie ihn. — Nein, Mama, es ist Jaquaut. Diese un-
ge-

gekünstelte und treffende Antwort durch=
drang die Seele dieser ungerechten Frau
mit Scham und Schmerzen. Allein einige
Schmeicheleyen ihres ungerathenen Soh=
nes verhalfen ihm bald wieder zu seinem
ganzen Ansehen bey ihr, und Jaquaut wur=
de in der Folge weder mehr geliebt, als
vorher, noch war er weniger würdig, ge=
liebt zu werden.

Kaum war Madame Coree wieder ge=
nesen, als sie aufs neue den Entschluß faß=
te, ihn aus dem Hause zu entfernen. Die
Ursache, die sie vorgab, war, daß der von
Natur lebhafte Monsieur de l'Etang zur Zer=
streuung viel zu sehr geneigt sey, als daß
er einen Mitschüler haben könnte, und daß
die bis zur Ungebühr getriebene Vorliebe
der Lehrer gegen dasjenige Kind, welches
sich am bemüthigsten oder am schmeichelhaf=
testen gegen sie bezeigte, den Muth desje=
nigen niederschlagen könnte, dessen hohes
festes Gemüth mehr Schonung erforderte.
Monsieur de l'Etang verließ im sechzehn=
ten Jahre seine Lehrmeister, wie er sie an=
ge=

genommen hatte. Er fing nun seine Ritter-
übungen an, welche er wie sein Studiren
betrieb, und im zwanzigsten Jahre erschien er
in der Welt mit dem selbstgenügsamen Stolze
eines Narren, der von allem reden gehört
und über nichts nachgedacht hatte. Seine
Mutter war nun mit nichts so sehr als mit
der Sorge beschäftiget, ihren geliebten Sohn
gut unterzubringen. Er erklärte sich für
die Rechte; man erhielt die Freysprechung
von den Studien für ihn, und bald wurde ihm ter Zutritt in das Heiligthum der
Gesetze verstattet. Es fehlte ihm nun nichts
als eine vortheilhafte Heirath. Man schlug
ihm eine reiche Erbin vor; aber von den
Anverwandten derselben wurde es zur Bedingung gemacht, daß ihm seine Mutter ihr
ganzes Vermögen sogleich abtreten sollte.
Sie war so thöricht, darein zu willigen,
und behielt kaum so viel für sich, daß sie
auf eine anständige Art davon leben konnte, weil sie gewiß glaubte, daß sie mit
dem Vermögen ihres Sohnes nach Belieben würde schalten können.

Monsieur de l'Etang war in seinem fünf und zwanzigsten Jahre weiter nichts als ein unbedeutender Rath geworden, und behandelte seine Frau eben so geringschätzig, wie seine Mutter. Er bekümmerte sich sehr viel um seine Person, aber desto weniger um die Rechtsangelegenheiten. Weil er sich einbildete, es gehöre zur guten Lebensart, mit einem Frauenzimmer, welches nicht seine Frau war, Umgang zu haben: so machte er sich mit einer jungen Schauspielerinn bekannt, die ihm mit vieler Höflichkeit entgegen kam, ihn versicherte, daß er sehr schön sey, welches er leicht glaubte, ihn bald um zehn tausend Thaler brachte, und ihn hierauf verließ. Wegen dieser, seinem Stolze empfindlichen Kränkung suchte er sich dadurch zu rächen, daß er sich eine andre Schönheit wählte, sie mit seinen Wohlthaten überhäufte, mit ihr nach Paris reiste, um sich dort mit ihr aufzuhalten, und sich allen Ergözlichkeiten zu überlassen. Allein auch diese Liebschaft kam ihm so theuer zu stehen, daß er in kurzer Zeit sein ganzes Vermögen durch die Be-

T frie-

friedigung ihrer Laune und Einfälle zu Grunde gerichtet sahe. Die junge Gemahlinn des Herrn de l'Etang drang nun darauf, von einem Manne getrennt zu werden, der sie verlassen hatte; und da er ihr ihr eingebrachtes Vermögen wieder zurück geben mußte: so wurde die Lage seiner Umstände dadurch noch schlimmer, als sie ohnedieß schon war.

Das Spiel muß bisweilen die Stelle eines Rettungsmittels bey Leuten vertreten, welche durch eine liederliche Lebensart herunter gekommen sind. L'Etang bildete sich ein, meisterhaft Piquet spielen zu können. Er gerieth in die Gesellschaft betrügerischer Spieler, welche gemeinschaftliche Sache mit ihm machten, und alle auf ihn wetteten, worauf einer gegen ihn spielte. So oft er die schlechten Karten wegwarf, rief einer von den Wettenden: bey meiner Treue, das war vortreflich gespielt! Man kann unmöglich besser spielen, rief ein andrer. Kurz, Monsieur l'Etang spielte vortrefflich, und hatte doch niemals ein as. In kurzer Zeit hatten ihm denn diese Spieler dasjenige völlig abgewonnen, was ihm von seiner vorigen verschwenderischen Lebensart noch übrig geblieben war.

Er dachte eben auf neue Rettungsmittel, als seine Frau Mutter an ihn schrieb, und Geld von ihm verlangte. Er antwortete ihr, daß er der Verzweiflung nahe, und an Statt ihr helfen zu können, selbst der Unterstützung bedürftig sey. Ihre Gläubiger waren schon aufrührisch, und ein jeder wollte sich zuerst der Ueberreste ihres Vermögens bemächtigen. Nun sahe die trostlose Mutter, aber zu spät, ein, daß sie sich thörichter Weise von allem entblößte, um einem Sohn zu versorgen, der ein nichtswürdiger Verschwender war.

Jaquaut hatte indessen seine Laufbahn in den Studien geendiget. Die Lobsprüche, welche er sich in derselben erwarb, erregten den Neid der Mutter. Gut, sagte sie, weil er so verständig ist, so mag er sich entschließen in dem geistlichen Stande sein Glück zu machen. Unglücklicher Weise hatte Jaquaut keine Neigung zu demselben; er bat also seine Mutter, ihn davon loszusprechen. Glaubst du denn, sagte sie mit einer frostigen und ernsten Miene zu ihm, daß ich Vermögen genug habe, dir in der Welt damit fortzuhelfen? Ich erkläre dir hiemit, daß es nicht an dem ist. Der Reichthum deines Vaters war nicht so beträchtlich, als man sich einbildet; kaum wird er hinreichen, deinen ältern Bruder in ein Amt zu bringen. Was dich betrifft: so hast du die Wahl, ob du dich um eine Pfarre bewerben, oder die Waffen tragen, dir die Tonsur geben, oder den Hals brechen lassen, den Priesterrock oder die Uniform anziehen lassen willst. Das ist alles, was ich für dich thun kann. Jaquaut antwortete ehrerbietig, es ließen sich für den Sohn eines Kaufmanns Auswege und Mittel finden, die nicht so gewaltsam wären. Bey diesen Worten wollte die Frau von Coree fast sterben vor Schmerz und Scham, daß sie einen ihrer so unwürdigen Sohn zur Welt gebohren

ren habe, und sie verboth ihm, ihr jemals wieder vor ihre Augen zu kommen.

Der junge Coree, welcher untröstlich darüber war, daß er den Zorn seiner Mutter sich zugezogen hatte, erntfernte sich seufzend, und beschloß, es zu versuchen, ob das Glück ihm günstiger seyn würde, als die Natur. Er hörte, daß eben ein Schiff nach den Antillen segelfertig sey, wohin er zu reisen Willens war. Er schrieb an seine Mutter, um ihre Einwilligung, ihren Segen und eine Wegzehrung von ihr zu bekommen. Die zwey erstern Stücke wurden ihm sehr reichlich, aber das Leztere nur sparsam gewährt.

Seine Mutter, welche sich glücklich schätzte, seiner los zu werden, wollte ihn noch einmal vor seiner Abreise sehen. Er kam; sie umarmte ihn, und schenkte ihm einige Thränen. Sein Bruder hatte gleichfalls die Güte, ihm eine glückliche Reise zu wünschen. Dieß waren die ersten Liebkosungen, die er von seiner Familie empfing. Sein empfindsames Herz wurde dadurch gerührt;

rührt; doch wagte er es nicht, sie zu bitten, daß sie ihm bisweilen schreiben möchten. Er hatte einen Schulfreund, von welchem er zärtlich geliebt wurde; diesen bat er ben seiner Abreise dringend, ihm bisweilen Nachricht von seiner Mutter zu geben.

Er kam mit einem gebildeten Verstande, mit dem besten Herzen und der artigsten Bildung von der Welt auf der Insel St. Dominique an. Der Name Corec, seine Einsichten, seine Rechtschaffenheit und Klugheit erwarben ihm bald das Vertrauen der Einwohner. Mit der Unterstützung, welche ihm angeboten wurde, kaufte er sich einen Wohnplatz, baute ihn an, und brachte ihn zu einem blühenden Zustande empor. Die Handlung, welche dort sehr stark getrieben wurde, bereicherte ihn in kurzer Zeit, und in einem Zeitraume von fünf Jahren wurde er der Gegenstand der Wünsche der schönsten und reichsten Wittwen und Mädchen in der Colonie. Aber ach, sein Schulgeführte, welcher ihm bisher immer

mer nur angenehme Nachrichten gegeben hatte, schrieb ihm jetzt, daß sein Bruder zu Grunde gerichtet, und sein Mutter, verlassen von aller Welt, in die traurigsten Umstände versetzet sey. Er benetzte diesen Unglücksbrief mit seinen Thränen. Ach, meine arme Mutter, rief er aus, ich will eilen, eilen dir zu helfen! Er wollte dieß Geschäft keinem Fremden auftragen, weil er es für ausgemacht hielt, daß nichts einen Sohn zurück halten dürfe, wenn es auf die Ehre und auf das Leben einer Mutter ankommt; und weil er besorgte, daß ein Zufall, eine Treulosigkeit, oder das Zögern einer fremden Hand seine Mutter der Unterstützung ihres Sohnes berauben, und sie in Dürftigkeit und Verzweifelung sterben lassen könnte, wenn er ihr nicht selbst zu Hülfe eilte.

Bey diesen Gesinnungen beschäftigte sich Coree mit nichts, als mit der Sorge, seine Güter zu Gelde zu machen. Er verkaufte alles, was er besaß, und dieses Opfer kostete seinen Herzen keine Ueberwindung,

dung. Aber er konnte sich der Bekümmer-
niß wegen eines weit kostbaren Schatzes
nicht erwehren, welchen er in America zurück ließ. Lucelle, die junge Wittwe eines
alten Einwohners, der ihr ein unmäßliches
Vermögen hinterlassen hatte, hatte auf den
Coree einen Blick geworfen, der in die
Seele zu dringen, und sein ganzes Gemüth
zu durchforschen schien. Sie glaubte an
diesem jungen Manne alles zu erblicken, was
eine rechtschaffene und zärtliche Frau glücklich machen könnte. Coree hingegen hatte
sie allen andern vorgezogen, weil sie am
würdigsten war, das Herz eines weisen und
tugendhaften Mannes zu fesseln. Lucelle
hatte eine einnehmende und edle Gestalt,
ein lebhaftes und doch sittsames Wesen,
eine braune und doch zugleich so frische Far-
be, wie die Rosen. Außer diesen Reizen
besaß Lucelle eine vorzügliche Geistesstärke,
ein erhabenes Gemüth, richtige Begriffe und
ein redliches Gefühl. Es war ihren Grund-
sätzen nicht angemessen, sich einer tugendhaften Neigung zu schämen. Kaum hatte
Coree die Wahl seines Herzens gegen sie ge-

geäußert, als er von ihr ohne Umschweife
ein gleiches Geständniß zur Antwort erhielt;
und ihre wechselseitige Neigung harrte blos
dem Augenblicke entgegen, in welchem sie
am Fuße des Altars geheiliget werden sollte. Indessen hatte Corce den Brief seines
Freundes erhalten, welcher ihm auf einmal
allem demjenigen entriß, was ihm auf der
Welt nach seiner Mutter am liebsten war.
Er ging zu der jungen Wittwe, zeigte ihr
den Brief seines Freundes, und bat sie um
ihren Rath. Ich schmeichle mir, sagte sie
zu ihm, daß sie keines Raths bedürfen. Machen Sie ihre Güter zu Gelde, eilen Sie
ihrer Mutter zu Hülfe erwerben Sie sich
dadurch Ehre, und kommen Sie wieder zurück; mein Vermögen erwartet Sie. Sterbe ich, so wird es Ihnen durch meinen
letzten Willen zugesichert werden; bleibe
ich aber am Leben, so wissen Sie selbst,
was Sie für Ansprüche haben. Corce, welcher von Dankbarkeit und Bewunderung
durchdrungen wurde, ergriff die Hände dieser edelmüthigen Frau, und benetzte sie
mit seinen Thränen. Als er sich aber in

Lobsprüche über sie ergießen wollte, sagte sie zu ihm: Gehen Sie, Sie sind ein Kind, legen Sie doch die Vorurtheile Europens ab. So bald eine Frau nur einigermassen eine Handlung der Rechtschaffenheit ausübt, so betrachtet man es als ein Wunder, als wenn uns die Natur keine Seele gegeben hätte. Gesetzt, Sie wären an meiner Stelle, würden Sie sich wohl dadurch geschmeichelt finden, wenn ich mit Erstaunen die Regungen eines guten Herzens wie ein Wunder an Ihnen betrachtete? Verzeihen Sie, sagte Coree, ich konnte dieß Betragen von Ihnen erwarten; allein Ihre Grundsätze, Ihre Gesinnungen, das Ungezwungene, Natürliche Ihrer Tugenden bezaubern mich; ich bewundere dieß alles, ohne darüber zu erstaunen. Gehen Sie, mein bester Freund, sagte sie zu ihm; erfüllen Sie Ihre Pflichten, und kommen Sie bald wieder zurück.

Coree schiffte sich mit seinem ganzen Vermögen ein. Die Reise gieng bis zu den Canarischen Inseln glücklich; hier aber wurde

de das Schiff von einem Marroccanischen
Seeräuber verfolgt, und gezwungen, seine
Rettung in der Flucht zu suchen. Der Seeräuber, welcher dem Schiffe nachsetzte, war
schon im Begriffe, es einzuholen; und der
Schiffshauptmann, welcher sich vor dem Gedanken an das Entern des feindlichen Schiffes entsetzte, wollte sich schon dem Seeräuber ergeben. Ach, meine arme Mutter,
rief Coree aus, indem er das Kästchen um-
faßte, in welchem seine ganze Hoffnung eingeschlossen war. Er raufte sich vor Schmerz
und Wuth die Haare aus, und schrie: nein,
eher soll mir dieser africanische Tyrann das
Herz zerfleischen. Hierauf wendete er sich
gegen den Schiffshauptmann, das Schiffs-
volk und seine übrigen Reisegefährten, die
ganz betäubt ihr Schicksal erwarteten. „Wie
„meine Freunde, wollen wir uns als feige
„Memmen ergeben? Sollen wir uns von
„diesem Räuber in Fesseln schlagen, nach
„Marocco führen, und dort wie das Vieh
„verkaufen lassen? Sind wir schon ent-
„waffnet? Sind diese Räuber unverletz-
„lich, oder tapferer als wir? Sie wollen

an

„an unsern Bord kommen; laßt sie kom-
„men, wir wollen sie empfangen.„ Sein
Entschluß entflammte alle mit einer krie-
gerischen Hitze zur Gegenwehr. Schon war
Jedermann gefaßt. Der Seeräuber nähert
sich; die Schiffe stoßen an einander; auf
beyden Seiten sieht man Tod und Verder-
ben; in kurzem sind die beyden Schiffe in
wirbelnde Wolken von Rauch und Flam-
men gehüllt. Aber bald hört das Feuer
auf; das Tageslicht wird wieder sichtbar,
und das Schwerdt suchet nun seine Opfer.
Coree richtete mit dem Säbel in der Faust
ein schreckliches Blutbad an. So bald er
einen Africaner am Bord steigen sahe, eilte
er auf ihn los, spaltete ihn entzwey und
rief dabey aus: ach, meine arme Mutter!
Seine Wuth glich der Wuth einer Löwin,
die ihre Jungen beschützt. Die Verzweifelung hatte die Kräfte seiner Natur auf das
Aeuserste gespannt; und die sanfteste zärtlichste Seele, die jemals gelebt hat, war
in diesem Augenblicke die grimmigste und
blutdürstigste geworden. Der Hauptmann
fand ihn überall mit feuerflammenden Augen,

gen, und mit blutigen Armen. Das ist
kein Mensch, sagten seine Reisegefährten,
es ist ein Engel, der für uns kämpft. End=
lich stieß Corec auf den Anführer dieser
Barbaren selbst. Gott, rief er aus, er=
barme dich doch meiner Mutter! Mit die=
sen Worten durchbohrte er den Wanst des
Räubers; und von diesem Augenblicke an
war der Sieg entschieden. Die wenigen
Menschen, welche von dem Marroccani=
schen Schiffsvolke noch übrig waren, baten
um ihr Leben, und wurden in Fesseln ge=
legt. Endlich landete das Schiff an den Kü=
sten von Frankreich; und Corce, dieser
würdige Sohn, eilte sogleich mit seinem
Schatze zu seiner unglücklichen Mutter, ohne
eine einzige Nacht auszuruhen. Er fand
sie am Rande des Grabes, und in einem
Zustande, welcher für sie schrecklicher war,
als der Tod selbst; entblößt von aller Hülfe
und der Sorge eines Bedienten überlassen,
welcher es müde war, die Dürftigkeit, wo=
rinn sie sich befand, länger auszustehen,
und ihr nur mit Widerwillen die letzten
Dienste eines demüthigenden Mitleids lei=
stete.

stete. Die Schaam über ihren Zustand hatte sie veranlaßt, ihrem Bedienten zu befehlen, daß er Niemand als den Priester und den mitleidigen Arzt, die sie von Zeit zu Zeit besuchten, vorlassen sollte. Coree verlangte sie zu sprechen; man schlug es ihm ab. Melde mich, sagte er zu dem Bedienten. — Wie heißen Sie? Jaquaut. Der Bediente trat vor ihr Bett und sagte: Madame, es ist ein Fremder da, der sie sprechen möchte. — Ach, und wer ist dann der Fremde? — Er sagt, er heiße Jaquaut. Bey diesem Namen wurde sie so heftig erschüttert, daß sie beynahe gestorben wäre. Ach mein Sohn, sagte sie mit einer gebrochenen Stimme zu ihm, indem sie ihre starren Augen auf ihn richtete, in welchem Zeitpunkte siehest du deine Mutter wieder! Deine Hand wird ihr die Augen zudrücken. Welch ein Schmerz für einen so rechtschaffenen und zärtlichen Sohn, die Mutter, die er im Schooße der Pracht und des Reichthums verlassen hatte, in einem mit Lumpen umhängten Bette zu erblicken, dessen Bild schon Ekel erregen würde, wenn wir

es

es schildern wollten. O, meine Mutter, rief er aus, indem er sich auf dieses Schmerzensbett hinstürzte.... Seine Stimme wurde durch das Schluchzen erstickt, und Thränenbäche, mit welchen er seine sterbende Mutter überströmte, waren lange Zeit der einzige Ausdruck seines Schmerzens und seiner Liebe. Der Himmel, fuhr sie wieder fort, straft mich dafür, daß ich einen mißrathenen Sohn zu sehr geliebet habe, daß ich.... Er ließ sie nicht weiter reden. Alles ist wieder gut, meine Mutter, sagte dieser tugendhafte junge Mann; leben Sie nur. Das Glück hat mich mit Gütern überhäuft; nur zu Ihrem Besten sind sie mir gegeben worden. Leben Sie; ich habe Vermögen genug, Ihnen das Leben angenehm zu machen. — Ach, mein theurer Sohn, erwiederte sie, wenn ich mir das Leben wünsche, so wünsche ich es nur, um meine Ungerechtigkeit zu tilgen, um einen Sohn zu lieben, dessen ich nicht würdig war, einen Sohn, welchen ich um sein Erbtheil gebracht habe. Bey diesen Worten verbarg sie ihr Gesicht, als ob sie nicht

wür-

würdig wäre, das Tageslicht zu sehen. Ach, meine Mutter, rief Coree aus, indem er sie in seine Arme schloß, entziehen Sie mir den Anblick Ihres mütterlichen Angesichtes nicht. Ich reiste über den Ozean, um es zu suchen, und Ihnen beyzustehen. In dem Augenblicke traten der Priester und der Arzt herein. Du siehest hier, mein Sohn, sprach sie, die einzigen Wohlthäter und Trö‑ ster, welche mir der Himmel gelassen hat. Ohne ihr Mitleiden würde ich nicht mehr seyn. Coree umarmte sie unter häufigen Thränen, und sagte zu ihnen: meine Freun‑ de, meine Wohlthäter, wie viel bin ich Ihnen schuldig! Ohne Sie würde ich mei‑ ne Mutter nicht mehr haben. Suchen Sie dieselbe völlig in das Leben zurück zu brin‑ gen. Ich bin begütert, ich will sie glück‑ lich machen. Verdoppeln Sie Ihre Sorg‑ falt, Ihren Trost, Ihre Unterstützung; geben Sie mir sie wieder. Der Arzt, wel‑ cher es einsahe, daß dieser Auftritt für die Kranke zu heftig war, sagte zu dem Coree: Gehen Sie mein Herr, verlassen Sie sich auf unsern Eifer, und sorgen Sie nur für

ein

ein gesundes und bequemes Zimmer. Ihre Frau Mutter muß noch diesen Abend dahin gebracht werden.

Die Veränderung der Luft, die gute Pflege, oder vielmehr die Veränderung, welche die Freude gewirkt hatte, und die Gemüthsruhe, welche darauf folgte, stärkte ihre Lebenskräfte aufs neue. Ein tiefer Gram war die Ursache ihrer Krankheit; der Trost wurde jetzt das beste Mittel zur Heilung derselben... Coree hörte, daß sein unglücklicher Bruder auf eine jämmerliche Art umgekommen sey. Man verbarg die Nachricht von dem Tode desselben vor der Mutter, die noch zu empfindlich und zu schwach war, als daß sie eine neue schmerzliche Erschütterung ohne Gefahr des Todes hätte ausstehen können. Sie erfuhr es endlich, als ihre Gesundheit etwas dauerhafter geworden war. Alle Wunden ihres Herzens wurden aufs neue aufgerissen, und die mütterlichen Thränen flossen von ihren Augen. Aber indem der Himmel ihr einen Sohn entriß, welcher ihrer Zärtlichkeit unwürdig war, schenkte er ihr einen solchen

U   wie-

wieder, welcher dieselbe durch alles, was die Natur empfindsames und die Tugend rührendes hat, verdiente. Dieser entdeckte ihr die Wünsche seines Herzens, welche darauf gingen, in seinen Armen Mutter und Gattin vereinigen zu können. Die Frau Coree ergriff mit Freuden den Vorschlag, mit ihrem Sohne nach Amerika zu reisen. Eine Stadt, welche Zeugin von ihren Thorheiten und Unglücksfällen war, wurde für sie ein verhaßter Aufenthalt; und der Augenblick, in welchem sie sich einschiffte, gab ihr ein neues Leben wieder. Der Himmel, welcher die Tugend beschützt, gab Ihnen günstige Winde. Lucelle nahm Coreens Mutter wie ihre eigene auf; sie verband sich mit dem jungen Coree, und die Tage dieser beyden Gatten flossen in demjenigen unveränderlichen Frieden, in denjenigen reinen und heitern Vergnügungen dahin, welche der Tugend zu Theile werden.

Hercules am Scheidewege.

Als Hercules aus den Jahren des Knaben in die Jünglings-Jahre übertrat: fing er an bey sich ernstlich zu überlegen, daß ihm bey der Führung seines künftigen Lebens nur zwey Wege offen stünden, nemlich der Weg der Laster, und die Bahn der Tugend. Voll von diesen wichtigen Gedanken begab er sich an den einsamen Ort. Kaum hatte er sich niedergesetzt, und bey sich zu überlegen angefangen, welchen von diesen beyden Wegen er nunmehr vorzuziehen habe: so fielen ihm sogleich zwey erwachsene Jungfrauen in die Augen. Eine derselben hatte ein weises Kleid an, und entdeckte in den Blicken etwas Anständiges und natürlich Freyes. Ihr Körper machte sich durch einen ungekünstelten Schmuck, ihre Augen aber machten sich durch die bescheidensten Blicke beliebt, und aus ihrem ganzen Betragen leuchtete eine ungezwungene Sittsamkeit hervor. Die andre schien zu einer verzärtelnden Wollust erzogen zu seyn. Ihr Anzug war üppig, ihre Augen schweiften beständig herum, und man sahe sie nicht ein einigesmal auf einen Gegenstand ernsthaft geheftet. Sie hatte an ihrer Kleidung immer etwas zu drehen und zu wenden. Bald betrachtete sie sich selbst, bald gab sie Achtung, ob ihr auch jemand nachsehe; bald wandte sie sich nach ihrem eigenen Schatten um. Beyde Personen näherten sich auf diese Art dem Hercules. Aber an Statt, daß die erste ihren langsamen Gang auf eine gleichförmige Weise fortsetzte, so suchte die letztere der erstern zuvor zu kommen, lief spornstreichs auf den jungen Menschen zu, und redete ihn also an: Ich sehe mein lieber Hercules, daß du mit dir selbst noch nicht einig bist, welchen Weg du betreten willst. Wenn du mich zu deiner Freundin wählst: so will ich dich auf einen sehr reizenden und bequemen Weg führen. Alles, was nur Vergnügen heißt, sollst du in vollem Maße genießen; alles, was unangenehm

ist,

ist, soll im Laufe deines Lebens entfernt
von dir bleiben. Krieg und mühsame Geschäfte sollen dich nicht in dem Genusse stöhren; du wirst auf nichts zu denken haben,
als darauf, angenehme Speisen und Getränke auszufinden, durch die Sinne des Gesichts, des Gehörs, und des Gefühls reizende Ergötzungen einzuärnten, die einnehmendsten Gesellschafter zu wählen, und mit
ihnen umzugehen, selbst deinen Schlaf durch
ein weiches, kostbares Lager zu versüßen,
und wie dieß alles auf die leichteste Art zu
Stande gebracht werden könne; dieß sollen
die Gegenstände deiner Beschäftigung und
deiner Sorgfalt seyn. Laß dich nicht durch
die Besorgniß irre machen, daß du jemahls
Mangel an diesen Vergnügungen leiden werdest, oder daß du durch erschöpfende Anstrengungen des Körpers und des Geistes
sie werdest erringen müssen; nein! Was andere mit Mühe bereiten, das sollst du genießen, und dir kein Vergnügen versagen,
dessen du nur theilhaftig werden kannst.
Denn ich gebe meinen Freunden Erlaubniß,
überall Freuden zu genießen. Hercules, welcher

cher ihr bisher aufmerksam zugehört hatte, unterbrach sie nun mit der Frage: wie heißt du? Hierauf versetzte sie sogleich: meine Freunde nennen mich **Glückseligkeit**, meine Feinde aber belegen mich mit dem unwürdigen Namen **Laster**.

Indessen trat auch die andre Jungfrau näher, und redete den Hercules also an: Auch ich komme zu dir, mein lieber Hercules, weil ich deine Aeltern kenne, und die glücklichen Anlagen deiner Natur zu edlen und großen Thaten schon in deiner Jugend kennen gelernt habe. Ich habe daher die Erwartung, daß du nicht nur, wenn du meine Pfade betrittst, schöne und ruhmvolle Thaten ausrichten, sondern auch meine Würde durch dein Beyspiel bey tugendhaften Menschen noch mehr verherrlichen werdest. Ich will dich aber nicht mit trügerischen Versprechungen täuschen, sondern dir das Wesen der Sache, nach der Wahrheit, nach dem natürlichen Zusammenhange darstellen, welcher das Werk der Gottheit ist. Es ist göttliche Einrichtnng, daß alles Edle und

und Gute durch rastlosen Fleiß und unermüdete Anstrengung errungen werden muß. Verlangest du, daß dir die Gottheit gnädig sey, so must du sie verehren. Willst du von deinen Freunden geliebet werden, so must du dich um sie verdient zu machen suchen. Begehrest du von einer ganzen Stadt geehrt zu werden, so must du die Wohlfarth derselben befördern helfen. Soll ganz Griechenland dich und deine Tugenden bewundern: so must du dich bestreben, ein Wohlthäter des ganzen griechischen Landes zu werden. Soll dir der Acker reichliche Früchte tragen, so must du ihn sorgfältig bestellen. Willst du dich durch die Viehzucht bereichern, so muß deine Bemühung und deine Sorge auf diese gerichtet seyn. Willst du durch Kriege groß werden, Freunde aus der Sclaverey erretten, und Feinde überwinden: so must du dich in den Künsten des Krieges von verständigen Leuten unterrichten lassen, und dich darin üben. Willst du dich durch körperliche Stärke auszeichnen, so must du deinen Körper der Herrschaft des Geistes unterwerfen, und

ihn

ihn durch Arbeit und mühsame Anstrengung abhärten.

Hier fiel ihr das Laster in die Rede und sprach: Merkest du wohl, Hercules, was für einen langen und rauhen Weg zum Vergnügen dir dieses Frauenzimmer zeigt? Ich hingegen will dich auf einem angenehmern und kürzern Pfade zur Glückseligkeit führen. Die Tugend erwiederte hierauf: Elende, welche Güter, welche Vergnügungen kannst du aufweisen, da du nichts zur Erlangung derselben unternehmen willst? Wie kannst du einer wahren Freude fähig seyn, da du nicht wartest, bis natürliches Bedürfniß sie fordert, sondern dich schon vorher damit übersättigest? Du issest, ehe dich hungert, du trinkst, ehe dich dürstet; deswegen hast du Köche nöthig, um durch ihre künstlichen Mischungen deinen Gaumen zu reizen; darum brauchst du ausgesuchte Weine, darum must du im Sommer Schnee haben, um sie darin kühl zu erhalten, wenn du das Vergnügen des Trankes genießen willst. Um sanft zu schlafen, must du die weich-

weichlichsten Betten haben; denn du schläfst nicht so wohl, um von der Arbeit auszuruhen, als vielmehr weil du nichts anders zu thun weißt. So führest du auch deine Freunde an. Die Nächte müssen sie mit Wollüsten, und die Tage mit Schlafen zubringen, und ob du gleich nimmermehr aussterben wirst: so haben dich doch die Götter verworfen, und alle redliche Männer deinen Namen, durch dessen Verabscheuung gebrandmarkt. Nie hast du die Freude, was Gutes von dir rühmen zu hören; nie siehst du etwas Gutes, das du als dein Werk betrachten könntest. Wer wird dir Glauben beymessen, wenn du etwas sagst? Wer wird dir Beystand leisten, wenn du darum bittest? Wer kann, ohne seine Vernunft zu verläugnen, wünschen, unter deine Freunde gezählt zu werden, da du in der Jugend ihre Körper zu Grunde richtest, im Alter aber ihren Verstand verwirrst, und sie der Verzweifelung übergibst. Während ihrer Jugendjahre jagen sie in weichlicher Ueppigkeit durchs Leben hin; im Alter aber schleppen sie mit mühevoller Plage die Bürde ihres lasterhaften Lebens. Die Gegenwart fällt ihnen alsdann zur Last; die Erinnerung an die Vergangenheit erfüllet sie mit Scham. Jeder Freudetropfen aus dem Kelch des Lebens wurde von ihnen in ihrer Jugend mit heischer Begierde verschlungen; nur die Hefen desselben haben sie für ihr Alter aufbewahrt. — Ich hingegen habe Gemeinschaft mit der Gottheit, und mit den guten Menschen; keine rühmliche und edle That kommt ohne mich zu Stand. Deswegen werde ich auch von allen guten Menschen verehrt. Ich bin die beliebte Gehülfin der Künstler, eine getreue Beschützerin des Hauswesens. Gutes Gesinde hat sich meiner Unterstützung zu erfreuen; die Werke des Friedens werden durch mich befördert, und im Kriege bin ich eine treue Bundesgenossin, und an ächter Freundschaft nehme ich vorzüglichen Antheil. Der Genuß der Speisen und Getränke ist meinen Freunden immer schmackhaft und angenehm, weil sie sich bloß nach den Forderungen der Natur bey demselben richten. Der Schlaf ist ihnen gleichfalls angenehmer als den Müssiggängern. Es fällt

ihnen

ihnen weder lästig, von demselben aufzustehen, noch unterlassen sie seinetwegen die ihnen obliegenden Geschäfte. Die Jünglinge ärnten den Beyfall der Bejahrten ein, und diese haben das Vergnügen, von jenen verehrt und geachtet zu werden. Mit Freuden denken sie an die Thaten ihres vergangenen Lebens zurück, und ihre gegenwärtigen Geschäfte verrichten sie mit Freude und Munterkeit. Durch mich werden sie Freunde der Gottheit, Lieblinge der Menschen, und Ehrensäulen des Vaterlandes, und wenn sie endlich am Ziele ihrer Laufbahn stehen: so sinkt ihr Ruhm nicht mit ihnen in den Staub, sondern das Andenken, welches sie sich unter den Menschen gestiftet haben, verewiget sie. Willst du also, setzte sie noch hinzu, o Hercules, dieser Glückseligkeit theilhaftig werden: so ermanne dich, den Weg zu betreten, welchen ich dir zeigen werde, und meine Lehren standhaft zu befolgen.

Als sie dieses gesagt hatte, verschwand sie; und das Laster, welches sich in ihre Gesellschaft gedrängt hatte, wurde gleichfalls unsichtbar. Als sich Hercules von seinem ersten Erstaunen wieder erhohlt hatte, war er gar nicht mehr unentschlossen, welchen Weg er gehen wollte. Er wählte den Weg der Tugend, und wurde dadurch der berühmte Mann, dessen Andenken noch jetzt nicht verloschen ist.

Mirzas Gesicht.

Am fünften Tage des Neumonds, den ich nach der Sitte meiner Väter wie einen heiligen Tag feyere, ging ich frühe in das Bad, hielt meine Morgenandacht, und stieg auf die Berge, die Bagdad umgeben, um auf ihrer einsamen Höhe den übrigen Theil dieses Tages in stillem Gebete und in heiligen Betrachtungen zuzubringen. Die reine Luft, die ich auf den Gipfeln dieser Gebirge athmete, stärkte die Schwingen meiner Seele. Ich fiel in tiefe Betrachtungen über die Nichtigkeit des menschlichen Lebens; ein Gedanke drängte den andern, bis ich endlich ausrief: Warlich der Mensch ist nur ein Schatten, und sein Leben ein Traum. Indem ich so dachte, wendete ich meine Augen nach einem nahe gegen über liegenden Felsen, und erblickte auf seinem Gipfel einen im Schäfergewande, der eine Flöte in
der

der Hand hielt. Er legte sie an den Mund, und fing an zu spielen. Sein Lied klang so sanft und lieblich, es irrte durch eine Menge so mannichfaltiger Töne, daß es alle irdische Melodien an Süßigkeit und Anmuth übertraf. Friedliche Ruhe ergoß sich über mein Herz; denn mir war, als hörte ich jene himmlischen Gesänge, die den abgeschiedenen Seelen der Frommen bey ihrer Ankunft im Paradiese entgegen tönen, und ihre Empfindungen zu den hohen Freuden der neuen seligen Wohnung erheben.

Ich hatte schon oft gehört, dieser Felsen werde von einem Geist besucht; und viele hatten im Vorbeygehen seinen Flötengesang vernommen; der Sänger selbst aber hatte sich noch keinem gezeigt. Die süßen Melodien, die er spielte, machten das Verlangen in mir rege, seiner Unterredung theilhaftig zu werden. Ich sahe wie ein Träumender zu ihm hinüber, und wünschte mich zu ihm. Er verstand meine Sehnsucht, und winkte mit der Hand. Ich näherte mich voll schauerlicher Ehrfurcht, mit der uns

der

der Anblick eines Wesens höherer Art durch‑
dringt. Mein Herz war von seinen lieb‑
lichen Tönen erweicht; ich fiel zu seinen
Füßen und weinte. Der Geist aber lächel‑
te mich mit Liebe und mit Freundlichkeit an;
sein huldreicher Blick verscheuchte auf ein‑
mal alle blöde Furchtsamkeit aus meiner
Seele. Er reichte mir die Hand, und hob
mich auf, Mirza, sprach er, ich habe dein
einsames Gespräch vernommen, folge mir.

Er führte mich auf den höchsten Gipfel
des Felsen, und stellte mich auf seine Spitze.
Wende deine Augen nach Osten, sprach er,
und sage mir, was du siehest? Ich sehe ein
Thal, sagte ich, durch welches ein großer
breiter Strom fließt. Das Thal, welches
du siehst, sprach er, ist das Thal des Elen‑
des, und sein Strom ist der Strom der
Zeit. Warum, sagte ich, quillt dieser Strom
an dem einem Ende aus einem dicken Ne‑
bel hervor, und warum bedeckt auf dem an‑
dern Ende eine eben so dunkle Wolke seinen
Ausfluß? Deswegen sprach er, weil er
wie ein kleiner Bach aus dem dunkeln Meer

der

der Ewigkeit entsprang, und in daſſelbe zurück eilet. Die Sonne gibt ſeinen rollenden Wellen Abtheilung und Maß, und ſo reicht er vom Anfang der Welt bis auf ihren Untergang. Betrachte nun dieſen breiten Strom, der an beyden Enden mit Finſterniß bedeckt iſt, näher, und ſage mir, was du an ihm wahrnimmſt? Ich ſehe eine Brücke, ſagte ich, die über den Strom geht. Dieſe Brücke, ſprach er, iſt das menſchliche Leben; unterſuche ſie genau. Ich ſtrengte meine Augen an, und ſahe, daß ſie aus ſiebenzig ganzen, und etlichen zerbrochenen Schwiebögen beſtand, ſo daß die volle Zahl aller Schwiebögen ohngefähr hundert ſeyn mochte. Als ich die Bogen zählte, ſprach der Geiſt zu mir: Dieſe Brücke beſtand ehemahls aus tauſend Schwiebbögen, aber eine große Fluth riß die übrigen ab, und ließ die übrigen in der Verwüſtung, worin du ſie noch jetzt ſieheſt. Sage mir aber ferner, was du auf ihr entdeckeſt? Ich ſehe eine Menge Volk darüber gehen, ſagte ich, und über jedem Ende hängt ein ſchwarzes Gewölke. Bey einer längern Aufmerkſamkeit

bes

bemerkte ich, daß viele von den Hinüber-
gehenden durch die Brücke in den unter
ihr fließenden Strom fielen; denn in der
Wölbung der Bogen lagen eine Menge Fallthüren verborgen. Wenn die Wanderer auf
eine von diesen Thüren traten, so stürzten
sie hinab, und waren augenblicklich verschwunden. Am Eingange der Brücke lagen diese Fallthüren sehr enge neben einander; und kaum hatte eine Menge Volks die
Wolke durchkrochen, als die Hälfte davon
in den Strom sank. Gegen die Mitte wurden sie seltener; aber gegen das Ende der
ganzen Bogen vermehrten sie sich wieder, und
lagen dichter als am Eingange zusammen.

Auch sahe ich einige wenige, die über
die zerbrochenen Schwiebbögen hinken wollten; allein der lange Weg über die Brücke
hatte sie ermüdet und ihre Knie geschwächt;
sie konnten die Risse nicht überspringen, und
einer fiel nach dem andern in den Strom.

Der wunderbare Bau dieser Brücke,
und die große Mannichfaltigkeit der Wanderer zogen meine Augen so sehr an, daß
ich nicht aufhören konnte, sie zu betrachten.

ten. Mein Herz wurde traurig, da ich sahe, wie die armen Pilger sich so kläglich betrogen. Viele, die von Scherz und Fröhlichkeit zu tanzen schienen, fielen unvermuthet hinab, und streckten im Fallen ihre Hände ängstlich nach allen Seiten aus, als ob sie sich zu retten suchten. Einige giengen in einer nachdenkenden Stellung mit gen Himmel gerichteten Augen einher, aber mitten in ihren tiefen Betrachtungen strauchelten sie, und fielen mir aus dem Gesicht. Viele jagten bunten Wasserblasen nach, die vor ihren Augen hergauckelten; wenn sie aber gedachten, diese Luftgestalten zu ergreifen: so gleitete ihr Tritt, und sie versanken. Unter diesem Gewirre und Gedränge sahe ich einige mit Säbeln und einige mit Harngläsern in der Hand auf der Brücke hin und her rennen. Sie liefen den Herbeykommenden entgegen, und stießen sie mit Gewalt in die benachbarten Fallen.

Der Geist sahe, daß ich mich diesem traurigen Anblicke zu sehr überließ, und sprach zu mir: Ziehe deine Augen von den Fallenden ab, und sage mir, ob du noch

sonst

sonst was siehest. Ich sahe auf und fragte: Was bedeuten diese Vögel, die in großen Schwärmen unaufhörlich um die Brücke flattern, und sich von Zeit zu Zeit auf sie niederlassen? Ich sahe Geyer, Harpyen, Raben und anderes Raubgeflügel. Das sind, sprach der Geist, die Sorgen und Leidenschaften, die das menschliche Leben beunruhigen; als Geiz, Neid, Aberglauben, Verzweifelung, Liebe und dergleichen.

Ach, seufzte ich aus meinem beklemmten Herzen, wie nichtig ist der Mensch! er ist zu nichts als zum Elend und zur Unsterblichkeit geschaffen. Der Geist fühlte Mitleiden mit meinem Schmerz Er befahl mir, den Blick von dieser traurigen Aussicht zu heben, und sagte: Wende deine Augen nach jenem dicken Nebel, in den der Strom alle Geschlechter der Sterblichen, die in ihn hinabfallen, mit sich fortreißt. Ich richtete meinen Blick, so wie er befahl, und (es sey nun, daß der gute Geist mein Auge mit einer mehr als natürlichen Sehkraft stärkte, oder einen Theil von dem undurchdringlichen Nebel wegnahm) ich sa-

X 2 he-

he, wie sich das Thal an dem entfernten Ende erweiterte, und in ein unermeßliches Meer ausdehnte. Mitten durch dieses Meer ging ein hoher Felsen von Diamant, und theilte es in zwey gleiche Theile. Die dunkle Wolke ruhte noch auf der einen Hälfte des Felsen, so daß ich auf dieser Seite nichts erkennen konnte; die andre Seite aber erschien mir wie ein weiter Ocean voll unzähliger mit Früchten und Blumen bedeckter Inseln, zwischen denen die Seeströme hinwallten, und sie von einander schieden. Ich sahe die Einwohner in glänzenden Kleidern mit Blumenkränzen auf dem Haupte. Einige wandelten unter grünen Bäumen, andere lagerten sich an die Ufer klarer Quellen, und noch andere ruheten auf Blumenbetten. Ich hörte ein vermischtes Getön von Vögelgesang, von Wasserfällen, von menschlichen Stimmen und allerley Saitenspiel. Ich wurde entzückt über diese liebliche Aussicht, und wünschte mir die Schwingen des Adlers, zu diesen seligen Wohnungen hinüber zu fliegen. Der Geist aber sagte mir, es sey kein andrer Uebergang

gang zu ihnen, als durch die Pforten des Todes, die ich jeden Augenblick auf der Brücke geöffnet sahe. Diese Insel, fuhr er fort, die in so anmuthiger, frischer Schönheit vor dir liegen, und mit denen das Angesicht der ganzen See, so weit du sehen kannst, besäet scheint, sind unzähliger als der Sand in den Wüsten der Erde. Hinter denen, die du siehest, liegen noch Millionen andere; denn diese See geht weiter hinaus, als dein Auge reichen, oder deine Einbildungskraft denken kann. Diese Inseln sind die Wohnungen der Frommen nach dem Tode, in die sie nach verschiedenen Stuffen und Arten der Tugenden, in denen sie sich eine Fertigkeit erwarben, vertheilt werden. Je reiner und vollkommener die Gesinnungen der Ankömmlinge sind, desto glückseliger ist ihre Wohnung. O Mirza, sind diese seligen Auen nicht deines größten Bestrebens werth? Verdient ein Leben, das dich zur Erlangung solcher Freuden geschickt macht, deinen Tadel oder deine Verachtung? Scheint dir der Tod, der dich in so glückliche Welten führt, noch fürchterlich, oder wer könnte sich grämen, daß ihm jene Wasserblasen genommen wurden, als er in den Strom sunk, da dieser seinen Raub in so glückselige Gegenden führt? Laß mich also jene Klagen von der Nichtigkeit des menschlichen Lebens nicht wieder hören; denn diese so kurze Wanderschaft, welcher eine so herrliche Ewigkeit bereitet ist, erscheint in den Augen der Geister, als das schönste Werk der göttlichen Weisheit.

Ich staunte noch immer mit einem namenlosen Entzücken nach diesen glücklichen Inseln hinüber. Endlich sprach ich: ich bitte dich, zeige mir auch die Geheimnisse, die hinter jenen dunkeln Wolken an der andern Seite des diamantnen Felsen liegen. Da mir der Geist nicht antwortete: so wendete ich mich um, ihn zum zweyten mal zu bitten; aber ich sahe ihn nicht mehr. Ich kehrte mich wieder nach der reizenden Aussicht, um ihres Anblickes noch länger zu genießen; aber statt des rauschenden Stromes, der gewölbten Brücke und der glückseligen Inseln sahe ich nichts als die tiefen Thäler von Bagdad, auf welchen Ochsen, Schaafe und Kameele im Grase weideten.

Mir*

Mirzas zweytes Gesicht.

Mit niedergebeugtem Haupte ging ich an den Ufern des Euphrats und trauerte. Die Sonne neigte sich auf die Gebürge, und alle Geschöpfe freuten sich des milden Glanzes, womit sie Erde und Himmel schmückte, nur ich allein war betrübt. Nein, sprach ich, es waltet keine göttliche Vorsehung über den Menschen; sie sind Würmer ohne Namen, und Niemand achtet ihre Noth. Gedeihen die Bösen nicht wohl, während daß die Guten im Elende verschmachten? So sprach ich, setzte mich unter einen Palmbaum, sahe in die vorüberrauschenden Wellen des Stroms und weinte. Der Tag war vergangen, die nächtliche Dämmerung brach ein, ohne daß ich es merkte. Auf einmal umgab mich ein schimmerndes Licht; der Strom und die Gesträuche hellten sich auf, wie im Mittag; ein Schauer überfiel mich; ich hob meine

Augen auf, und siehe! ein Jüngling im schneeweißen Gewande stand vor mir und sprach. Mirza, ich bin Albunoh Scharredin, ein Diener am Throne des Ewigen, und der Ausleger seiner Geheimnisse. Er hat deine Klagen gehört, und mich gesandt, dich zu belehren. Auf, und folge mir.

Er faßte meine rechte Hand, und ich schwebte über der Ebene; der Strom und das Thal schwanden aus meinem Gesichte, und vor mir erhob sich ein hohes schroffes Gebirg, dessen Klippen die Sterne berührten. Dieser Fels, sprach der Geist, ist der Gurt, der die Rathschlüsse des Ewigen umgibt, und den kein Sterblicher ohne göttlichen Beystand ersteigen kann. Ich staunte noch über seine unabsehliche Höhe, als ein sanfter Wind uns an ihm aufhob, wie ein Vogel von seinen leichten Schwingen gehoben wird. Lange stiegen wir, ehe sich die Tiefe verlohr, und wieder lange, ehe wir den Gipfel erreichten. Endlich schwebten wir, vom Sternenlicht beschienen, über seinem silbernen Rücken. Da that sich eine so liebliche Ebene vor mir auf, daß ich ge-

dach-

dachte in der Wohnung der abgeschiedenen Seligen zu seyn. Dieß ist die Aue der Schicksale, sprach der Geist; betrachte sie wohl. Tausend Bäche wanden sich in mannichfaltigen Krümmungen durch schönfarbige Blumen und blühende Bäume, und verlohren sich in den rundumlaufenden Felsen. Sie floßen alle von der Mitte aus, in welcher ein goldener Tempel auf sapphirnen Säulen ruhete, und wie die Morgenröthe nach allen Gegenden strahlte.

Wir gingen zwischen den Bächen hin; aber ich konnte ihre Bahnen nicht begreifen; denn sie schlangen sich in einander, wie die seidenen Fäden in einem künstlichen Gewebe. Wir näherten uns dem Tempel, seine Pforten thaten sich auf, ließen uns ein, und schloßen sich wieder. Hier sollst du erkennen, sprach der Geist, daß deine Zweifel über die Vorsehung ungerecht sind. So sprach er, berührte meine Augen und verschwand. Ich stand in einem hohen Gewölbe von klarem Kryskall, das rings umher einem Spiegel glich. In der Mitte erhob sich ein Altar, aus welchem eine weiße Feuerflamme

Æ 5 brann»

brannte, von allen Seiten zurück strahlte; und die Wölbung mit heller Klarheit füllte.

Ein Schauer der Ehrfurcht durchdrang mein Herz, ich kniete auf die Schwelle des Altars, und betete. Da hörte ich eine Stimme, die sprach: Steh auf Mirja, und siehe. Ich hob meine Augen auf, und sahe.

Ein junges Weib saß unter einem Palmbaum, und säugte einen blondgelockten Knaben. Sie streichelte ihm das weiche Haar, und ihre Blicke ruhten mit Liebe auf seinem schönen Antlitz. Endlich neigte sie das Haupt, schloß ihre Augen und schlummerte ein. Der Knabe hob seine kleine Hand, und wollte sie um den Nacken der Muter schliessen; berührte aber eine Schlange, die sich eben an der Palme aufwand. Das Thier fuhr zornig zurück, und biß den Knaben, daß er starb.

Ach rief ich aus, was hat diese Unschuldige gethan, daß sie ihren Sohn so kläglich verliert? Da sprach die Stimme: wende dich und lies. Ich wandte mich, und sahe hinter mir eine schwarze Tafel, auf der diese Worte standen: Die Mutter trägt

Sün

Sünde auf ihrem Haupt, und aus allzu
großer Liebe hatte sie den Knaben zu einem
Bösewicht verzogen.

Traurend wandte ich mich wieder um,
aber das Gemählde war aus dem Krystall
verschwunden, und ein andres stand an seiner Stelle. Abdallah, mein tugendhafter
Freund, lag halb nackt auf schlechtem Stroh.
Neben ihm lagen seine fünf kleinen Kinder.
Krankheit und Mangel hatten ihre Wangen
gebleicht, und den Glanz ihrer Augen getödtet. Sie hoben alle die Hände wimmernd zu dem Vater auf, und ihr blasser
Mund sagte: Vater gib uns Brod!

Ich konnte diesen Anblick nicht ertragen, verhüllte mein Gesicht und neigte meine Stirn auf die Schwelle des Altars. Da
rief die Stimme: sieh noch einmal hin, und
richte recht. Ich hob meine Augen auf, und
sahe die fünf Kinder meines Freundes in
köstlichen Kleidern. Sie standen um ihres
Vaters Grab, bestreuten es mit Blumen,
und erinnerten sich seiner Tugenden, zu denen er sie erzogen hatte. Sie gingen Hand
in Hand zurück; zu beyden Seiten begleitete
sie

sie eine Menge Volks, rief ihnen Segens-
wünsche zu, und ehrte sie als die Edelsten
im Lande. Freudenthränen flosen bey diesem Anblick über meine Wangen. Ich wandte mich nach der Tafel und las: Reichthum
hätte Abballahs Kinder stolz und böse gemacht; so aber wird des Vaters Tugend
durch das Glück der Kinder belohnt.

Ich freute mich noch über das vergan-
gene Gesicht, als ich meines verstorbenen
Bruders Tochter Thirzah mit Tarik, ihrem tugendhaften Gemahl in dem Krystall
erblickte. Sie standen in dem Saal ihres
Hauses, und statteten sechs arme Vermählte mit Hochzeitgaben aus. Denn so hatten
sie gelobt, jährlich an ihrem Vermählungs-
tage zu thun, um auch andere ihrer Glückseligkeit theilhaftig zu machen. Die Jünglinge und Jungfrauen gingen jetzt mit reichen Gaben hinweg, und ließen die beyden
Glücklichen allein. „Geliebte, sprach Ta-
„rik, wie ist deine Seele so hold! Du ver-
„schenkest deine schönen Gewande, und
„kleidest dich, wie die Lilie, in einfachem
„Schmuck." O Tarik, du bist mein Schmuck
und

und meine Krone! „Wer könnte sie schmü-
„cken, die liebliche Rose? Ist sie nicht die
„Königin der Blumen auf der Flur?„
O schmeichle mir nicht; ich liebe das Veilchen im Thal; es verwcht seinen liebenden
Athem, und verbirgt sein Haupt im Grase.
So sprachen ihre Geberden, und mein Herz
schwoll in väterlicher Freude auf, als mit
einemmal die Decke im Saal einstürzte, und
sie beyde unter dem Schutte begrub.

Da fiel ich wehmüthig auf mein Angesicht, klagte laut, und feuchtete mit meinen Thränen die Schwelle des Altars. Lange lag ich und weinte, bis endlich die Stimme rief: Mirza, traure nicht mehr. Schüch-
tern hob ich mein Auge nach der Tafel und
las: Der kurzlebende Mensch sieht nur das
Gegenwärtige; aber die Weisheit Gottes
auch das Zukünftige. Der Tod entriß deine
glücklichen Kinder einem schnell hereinbre-
chenden Unglück, das jetzt schon vor deinen Augen ansteigt; denn die Einwohner
deiner Vaterstadt begehen schreyende Sünden.

Zitternd wandte ich mich um, und sahe
in den Krystall. Der alte ehrwürdige König

nig meines Landes lag auf einem Sopha und schlummerte. Neben ihm standen zwölf junge Knaben im blauen Gewande; das waren die Engel seiner guten Thaten; jeder hielt einen Fächer, und wehte ihm süßen Schlummer zu. Da kam des Königs Sohn mit leisen Schritten gegangen. Sein Gesicht und seine Hände waren schwarz, und seine Augen flammten wie röthlich Feuer. Er nahm seines Vaters Becher, und goß Gift hinein. Der König erwachte, wollte sich erquicken, trank den vergifteten Saft und starb. Ein tiefer Seufzer drängte sich aus meiner Brust, als sich das Gemählde plötzlich veränderte. Der neue König zog mit einem Kriegsheer aus; ein andres zog ihm entgegen, schlug ihn in die Flucht, und belagerte seine Hauptstadt. Die Mauern wurden erstiegen, alle Einwohner ermordet, ihre Weiber und Töchter geschändet; das ganze Land verwüstet, und der Vatermörder an einen Baume geknüpft.

Mein Haupt sank auf meine Brust, meine Seele trauerte über die Verwüstung des väterlichen Landes; meine Augen waren hart

geworden, und meine Empfindung in her-
ber Betrübniß eingeschlummert, als ein
liebliches Getöne mich weckte. Mein Herz
war wieder so leicht, wie der Flug der
Schwalbe, und freute sich des schönen mannichfaltigen Gesangs, der mich umgab. Ich
hob meine Augen auf, und erblickte in dem
Kryſtall eine liebliche Aue. Greiſe, Jünglinge und Kinder gingen in grünen Gängen,
tanzten in fröhlichen Reihen, oder pflückten
Blumen im Graſe. Die Vögel ſangen in
das Geflüſter der Bäume, die Bäche mur-
melten in die Lieder der Knaben und Mädchen, und alles athmete Freude. Thirzah
und Tarik ſaßen in einer blühenden Myr-
tenlaube, und banden ſich Kränze aus Roſen
und Veilchen, während daß eine Menge
lieblicher Kinder ihre Laube mit Blumen-
ketten ſchmückte. Ich ſahe meinen Freund
Abdallah, den guten alten König, und ſo
viele andere, die ſich in dieſem ſchönen Lande ihrer erworbenen Tugenden freuten, und
alles vorige Weh des irdiſchen Lebens vergaßen. Ich wünſchte mich zu ihnen; ſehnlich
breitete ich meine Hände nach ihnen aus,

als

als die Erscheinung wieder verschwand, und die vorige Stimme sprach: Erst in der Ewigkeit wird die leidende Tugend vollkommen belohnt; darum geh hin Mirja, und verehre die Wege der Vorsehung auch da, wo sie deinem blöden Auge ungerecht scheinen.

Ich erwachte, und befand mich unter dem Palmbaum am Ufer des Euphrats, ungewiß, ob ich geträumt, oder eine wirkliche Erscheinung gehabt hatte; aber mein Herz war erquickt, und mein Geist war erleuchtet.

www.ingramcontent.com/pod-product-compliance
Lightning Source LLC
Chambersburg PA
CBHW030259240426
43673CB00040B/1003